學與教的園圃

中國語文教學論

廖佩莉 著

學與教的園圃
中國語文教學論

廖佩莉　著

商務印書館

本書由香港教育大學中國語言學系資助出版。

承蒙張寶珠女士為本書封面提供畫作，特此鳴謝。

學與教的園囿 中國語文教學論

作　　者：廖佩莉

責任編輯：鄒淑樺

封面設計：涂　慧

出　　版：商務印書館 (香港) 有限公司

　　　　　香港筲箕灣耀興道 3 號東滙廣場 8 樓

　　　　　http://www.commercialpress.com.hk

發　　行：香港聯合書刊物流有限公司

　　　　　香港新界大埔汀麗路 36 號中華商務印刷大廈 3 字樓

印　　刷：美雅印刷製本有限公司

　　　　　九龍觀塘榮業街 6 號海濱工業大廈 4 樓 A

版　　次：2020 年 6 月第 1 版第 1 次印刷

　　　　　© 2020 商務印書館 (香港) 有限公司

　　　　　ISBN 978 962 07 0575 5

　　　　　Printed in Hong Kong

目　錄

第四章：多元化的學習檔案

第五章：蛻變中的語文評估

序

一般來說，在中文科課堂學生總是離不開理解課文。學生參與教師設計的課堂活動，例如分組討論、小組彙報、角色扮演等，然後閱讀課外篇章，作文，默書，做課業。這種學習模式沿用已久，但是久以久之，學生可能減少學習中文的興趣。教師可如何引起學生學習中文的興趣，深化所學？

教育心理學家裴斯塔洛齊 (Johann Heinrich Pestalozzi) 說「教師如園丁，學生如花木。」教師不辭勞苦，悉心栽種，培育學生壯苗成長。教師好像園丁，園丁須給予適合的環境讓花木長大，而教師須提供得當的方法讓學生學習，從而開花結果。語文教學是一種藝術，語文教師都有他們心中的「園圃」，一些對教學的一些想法。本書旨在分享本人十多年來從事語文教育的研究和對中文教學的體會，道出我的「學與教的園圃」，期望和大家分享藏在心裏，可能已被遺忘的教育理念，但卻能實踐的教學法。我的園圃分為五個範疇，包括：常被忽略的「情的中國語文」、歷久彌新的「學生為本的中國語文教學」、容易實踐的「善用美妙的回饋」、不容輕視的「多元化的學習檔案」和「蛻變中的語文評估」。

一、情的中國語文

中國語文教學除了要教出具語文能力的學生外，更期望能培養具情義和心地善良的學生。相對其他科目而言，中國語文科能給予學生學習情意教育的機會較多。大部分中文科課文的篇章內容是與情意教育是分不開。「情」之所在，也是「趣」之所在。其中文言學習，更可提升學生的語文的素養。第一章收錄了近年《「情」與中國語文教學》和《語文

素養與文言學習》兩篇論文，說明「情」是的中國語文科的核心價值，不容忽視。

二、學生為本的中國語文教學

教育界提倡學生為本的教學，是以學生的興趣和能力來設計課程、教法和評估。教師也可用多媒體教學，電子學習，這是無可厚非。但本書提出的「學生為本」的中國語文教學方法有二：一是情境法；二是提供學生自主學習的空間。

「情境法」是教師運用學生的生活的情境，拉近課文內容和學生生活的距離，令他們感受作者在課文篇章所表達的感受，這情感是歷久彌新的。換言之，教師須探究作者所表達的感情，尋找與學生在日常生活情懷的共通點，然後運用生活化的提問，從師生對答中讓學生悟感文中所表達的情懷，令他們學生投入學習。這「情境法」對文言教學尤其重要，古代作品的內容看似與我們的生活風馬牛不及，但它是生活的反映，若教師能將古代和現實學生生活串連一起，便能引起學生情緒的共鳴。有了這共鳴，學生自然投入學習，所以教師如何以學生為本創設情境，把課文帶進生活讓學生感悟，是很重要的。第二章摘錄四個實際課堂教學的片段，以對話形式舉例說明情境法的運用。同時又收錄了童話教學和浸入式教學個案，說明了有關情境法的研究。

「提供學生自主學習的空間」是學生為本學習的重要元素。它的理念源自自主學習理念，即是指自己作主、自我決定、自我控制的學習。現時教師為學生提供自主學習的機會不多，學生成為學習的被動者，未能做到最近教育界提倡的「教小學多」(Teach less，Learn more) 的理念，學生思維的深度和廣度並沒有得到充分的拓展。教師不僅是知識傳授者，而是幫助學生學習的推動者，為學生創造一個自主學習中國語文的空間。本書收錄了一篇論文則分析中文教師可如何推動學生自主學習。

三、善用美妙的回饋

回饋可分為「教師主導的回饋」和「學生為本的回饋」。「教師主導的回饋」是教師直接對學生的答案作出回應，即是判斷、賞評和陳述。對學生的回應，教師直接告訴他們對或錯，可直接讚賞或批評他們的表現；又或教師對學生的回答直接作出補充或糾正。「學生為本的回饋」是教師用提問方式對學生的作答作出回饋，指導學生作答的方向，包括：重問、轉問、改問、追問，互動性強。其中的追問更能幫助教師了解學生的學習的困難，從而幫助他們設置鷹架，建構所學。學生為本的回饋具改善學生所學的功能。

回饋是近年教育界的熱話，互動的回饋能提升學生學習的興趣，改進所學，但有關中文課堂給予學生的回饋的論文並不多。本書第三章收錄了有關中文課堂教師給予學生的回饋研究論文，希望能加深大家對回饋的認識。

四、多元化的學習檔案

評估有不同目的，例如診斷、測量、甄別、篩選、激勵、回饋等。無可否認，在眾多目的中，很多家長和教師都認為用分數和等第來判斷和甄別學生的能力是重要的。但是評估有着另一個很重要的目的，但卻被人忽略的，就是激勵作用。激勵並不單指在學生測驗和考試獲得好成績後，教師和家長給予他們的獎品，而是教師要多了解學生學習過程和態度，從中給予鼓勵，這種感情色彩較濃的評估目的，能激勵學生學習。教師在學生學習過程中鼓勵他們達標。

學習檔案能有系統記錄學生學習的進程和成果，記錄教師、家長、同儕對學生表現的回饋和鼓勵，學生對自己學習的反思，學習檔案也能明確顯示學生客觀評分的要求，展示他們的學習。組織學習檔案的過程是人性化，學生須得到教師、同學、家長的意見和支持，才能學習得更

有素質。學習檔案亦能提供機會給教師、同學、家長為學習者打打氣，他們對學習者提供的回饋和激勵，能改善他們的學習。有鑑於此，第四章收錄了多篇論文，由淺入深討論學習檔案的理念和應用實況。

五、 蛻變中的語文評估

一向以來，語文評估注重紙筆測驗和考試，學生是沉默，孤獨和被動的。近年教育改革提倡的「促進學習的評估」帶來了新的改變—由過往注重評估學生的學習表現轉變為強調評估是為促進學生學習，活化了評估的觀念。這與過往學校、教師和家長認為評估是以教師為主導來評定學生的能力有所分別。第五章指出有關香港中文科近年來評估理念的轉變和影響，並收錄有關同儕互評的論文，說明了活化的語文評估能加強學生學習。

上述所論的教法，大多以「情」為本的中文教學，強調以情意、情境、人性化的互動、具情味的學習檔案、活化的同儕互評活動進行教學。盼本書能啟發大家對中文教學的思考，更期望學校能給予教師更多時間和空間，鼓勵和支持他們的「學與教園圃」。

第一章
情的中國語文

「語文素養」是近年學習語文的核心價值。要提升學生的語文素養，「情」的中國語文教學是重要的一環。

「情」與中國語文教學

一、前言

　　中國語文課程要學生學甚麼？很多教師都是讓學生認識中文的字、詞、句，理解教材篇章內容、寫作手法和訓練學生聽、說、讀、寫的語文能力，這是無可厚非的。但是，中國語文課程有三維目標：語文知識的教授、語文能力的培養和情意教育的薰陶，三者是相輔相成的。三維目標中，前兩者學生較容易學習的，但是情意教育則是教師較難處理的課題。所謂情意，是一個比較模糊的概念，很難評估學生的學習成效。不同的科目，有不同層次的情意教育，但在中國語文科進行情意教學，更具深層的意義。因此，本文先分析中國語文課程中的「情」，探討香港中國語文情意教學的目的，然後論述現時中國語文情意教學的弔詭現象，和教師遇到的問題。最後提出優化情意教學的建議，希望啓發教師對情意教學的思考。

二、「情」的中國語文課程

　　「情」是指情意。情意，是一個複雜的概念。簡單來說是指情感和意念（思想）（李燕偉，1997），也可指蘊涵其中的個人價值觀和情緒。香港中國語文課程的宗旨與情意教學有莫大的關係。中國語文學習領域的課程宗旨為 [1]：

　　（1）提高讀寫聽說能力、思維能力、審美能力和自學能力；

　　（2）培養語文學習的興趣、良好的語文學習態度和習慣；

1　選自教育局網頁 http://www.edb.gov.hk/tc/curriculum-development/kla/chi-edu/index.html

（3）培養審美情趣，陶冶性情；

（4）培養品德，加強對社群的責任感；

（5）體認中華文化，培養對國家、民族的感情。

　　由第（3）至第（5）項的課程宗旨，全是與培養學生的情感、意念和價值有關，可見情意教育在中國語文科佔一重要地位。近年教育界常談論的語文素養，課程發展議會（2017，頁 6）提出提升語文素養的七個項目[2]，大部分項目是與學生對語文學習所產生的情緒、感受或價值觀有關。換言之，情意教育能提升學生的語文素養。現從課程發展議會（2017）所建議提升語文素養的方向，將中國語文情意教學的目的歸類如下：

1. 培養學生認識和欣賞中國文化和文學

　　課程發展議會（2017，頁 6）所提出提升語文素養的項目中，其中二項是與中國文學和文化有關。

　　欣賞文學作品的內容美和形式美，並提供創作的學習經歷，培養學生的審美能力和審美情趣。

　　加強文化的學習，培養學生對中華文化的認識、反思和認同。

　　中國語文科在人的情意發展中具有獨特的作用，這作用是與語文學科的知識特性有關（朱軍，1997）。這特性是涉及中國文化、文學、語言和哲學等觀念。中國語文與其他科目不同的地方是：除了讓學生學好中文，提升他們的中文應用能力外；更重要的是讓學生認識自己國家的

2　・給與學生豐富、均衡的語文學習經歷，包括聆聽、説話、閲讀、寫作及其綜合運用；連繫其他學習領域的學習，並透過跨科協作，提供更多應用或實踐語文的機會。

　　・欣賞文學作品的內容美和形式美，並提供創作的學習經歷，培養學生的審美能力和審美情趣。

　　・加強培養學生的品德情意，提高學生的道德操守，滋養情意。

　　・加強文化的學習，培養學生對中華文化的認識、反思和認同。

　　・培養思維能力和思維素質，鼓勵獨立思考、明辨性思考，發揮創意。

　　・明辨性思考，發揮創意。

　　・加強培養學生自主學習語文的興趣、態度、習慣和能力。

4

文化遺產，欣賞我國文學、文化的精粹，從而產生喜愛之情。這種情意作用，在中國語文教學是具深層的教育意義，一種中國文化的傳承意義。

2. 培養學生品德情意

課程發展議會（2017，頁 16）提出中國語文科要「加強培養學生的品德情意，提高學生的道德操守，滋養情意。」詳細的品德情意範疇的學習目標如下：

(1) 培養道德認知、意識和判斷力，從而促進自省，培養道德情操；
(2) 陶冶性情，培養積極的人生態度；
(3) 加強對社群的責任感。

課程發展議會（2017，頁 17）

這些目標與中國語文學習領域的課程宗旨是一脈相承的。中國語文科較容易負起培養學生品德情意的責任，原因是很多中國語文的篇章教材已蘊藏培養學生品德情意內容。教師除了採用有關中國文化和文學的篇章外，還可運用其他外國篇章作教材，例如兒歌和童話故事等，與學生討論品德情意的問題。

中國語文科蘊藏「情」之教學。學生由認識品德情意的篇章到將所學的內化為品德情操和習慣，這是一個複雜的過程，當中涉及很多因素，例如：學生的家庭背景、成長環境、同儕的影響和個人的經歷等。但教師須擔當推動的角色，引導學生認識和欣賞內容優秀和具情意的篇章，教師的啟導和薰陶，更能發揮推動情意教育的積極作用。

三、中國語文情意教學的困難

香港中國語文課程文件確認了情意教學的重要性。教師在情意教學中必須擔當引導角色，但可惜在實際教學中，則常出現弔詭的情況，教師在情意教學中遇到不少困難。

1. 情意教學目的的偏廢

蔣發萍（2013）分析國內教師對情意教學的認識存在混亂，他們忽略了語文科情意教學對學生的作用。首先很多教師認為情意教學的目的是培養學生良好的品德情意，側重學生道德操守，但卻忽略了「讓學生認識和欣賞中國文化和文學」。其實透過中國文化和文學的篇章，可加強學生對我國文化遺產的認識和喜好。

其次是要培養學生品德情意是很困難的。石歐和侯靜敏（2001，頁 10-13）分析情意教學的難點是「將知識內化到主體自身的知識結構和情感系統之中；只有成為主體自身的價值、態度、信念的知識，才能達到安頓自身情感的目的，也才是主體的真正知識。」教師由幫助學生認識品德情意的知識內化到價值觀的形成，是一個不容易和不可預計的過程。

2. 情意教學是附屬品

教師通常處理情意教學的方法只是附屬於主旨教學，教師往往會在教授主旨後，就進行品德情意教學。教師先讓學生明白文中的主旨，大都是運用了講述法和提問法，讓學生歸納文中的主旨。有教師認為主旨中提及的品德情操，就是情意教學了。亦有教師視情意教學為附屬於主旨後的補充教學，只屬教學的小環節，教師隨意與學生談談相關的品德情意話題而已。由於課程緊迫，情意教學佔教學時間的時數較少。

3. 教法變化不大

蔡正棟（2012）質疑國內中小學教師對情意教學實踐的能力。事實上情意教育博大精深，較難施教。由於佔時較少，很多教師都是運用講述來教授。蔣發萍（2013）指出教師一味追求「理」，卻忽略「趣」的存在。所謂「理」是指品德情意的道理；「趣」是指引起學生的興趣。教師對情意教學只注重說道理，學生缺乏興趣，更談不上內化為品德和習慣。若學生只是單靠教師的講解，是較難引起他們對篇章產生共鳴的。

4. 評估的迷思

評估學生對情意的認識是困難的：一方面，情意目標不能像知識目標那樣細化陳述和有序分層（劉曉偉，2012）。雖然 Tom Kubiszyn, Gary Borich (1997) 提出了階層式的情意分類，包括：「接受」（願意傾聽或注意此刺激的意願）、「反應」（學生不僅參與，而且顯示出以此活動為樂）、「評價」（學生是以其價值來判斷某一活動）、「組織」（想法被內化後，它們便漸漸增加內部的連結並且排定實行的優先次序）、「價值或價值複合體特徵化」（學生的行為的表現與他們的價值體系要一致）。但是這些情意分類是很難評估的。

另一方面，考試內容應否加入評核學生品德情意的題目呢？這也是教師的迷思。現時一般考試，例如中文科全港性系統評估、基本能力評估盡量不用開放式題目來評估學生，原因是評分難客觀，評分準則難以撰寫。一般的開放式的品德情意題目，若只用「言之成理則可」來作評分準則，則過於籠統。

四、 如何優化情意教學？

1. 多選經典中國文化和文學教材

要落實中文科情意教學的目的，學生「認識和欣賞中國文化、中國文學之情」和「培養學生品德情意」，教師應多選經典中國文化和文學值得欣賞的篇章來作教材。課程發展議會（2017）說得很清楚：

文學作品往往反映作者的價值取向和人生追求。通過閱讀和欣賞一些文質兼美的文學作品，學生自然而然地得到感染，滋養情意和培育品德。價值觀念和倫理道德，是中華文化的要義，不少學習材料或生活事件，也呈現不同時代的文化思想或道德觀念。在中國語文的學習中，結合中華文化的學習，讓學生透過認識、反思，進而認同優秀的傳統文化，對學生的價值觀培養起積極的作用（頁 22）。

學生閱讀經典篇章，既可學習篇中情理、認識中華文化，亦有助培

養「堅毅」、「尊重他人」、「責任感」、「承擔精神」、「誠信」和「關愛」等價值觀和態度。例如小學生通過閱讀孝親故事或詩歌，學習關愛父母，體諒家人（頁 27）。

吳永超（2011）認為必須加強學生閱讀我國經典文學作品，以達到「以情入境，披文入情」的目的。教師必須把蘊含在字裏行間的情披露出來，以情動人，才能充分調動學生感覺、聯想和情感去品味作者的情味，從而產生共鳴。

2. 情意教學法

有了經典的教材，學生在產生情感及體驗情感的過程中，還需要有一定內部環境因素的幫助，這就靠教師的引導（繆旭芳，2005）。教師應如何引導學生呢？情意教學法是重要的一環。情意教學法是教師幫助學生建構情意的方法。教師須針對教材的特色，突出「情」和「趣」。同時教師能運用情意活動，創設情境，令學生產生代入感，加強學生的「感知」和「思辨」的能力，從而達到移情作用。情意教學法是滲透在語文教學的每一個環節，教師必先充份理解篇章教材的「情」和「趣」。

突出「情」和「趣」

就中國文學篇章而言，教師必須深入理解篇章「情」之所在，教師必先深入備課，挖通文章作者所表達的「情」。以情入手，能激發學生思考（蔣發萍，2013）。很多中學篇章都是包涵不同的「情」，教師必須深入探討作者蘊藏所描寫的「情」的特點，例如描寫矛盾心情有《江雪》；情景交融有《聲聲慢》；情以載道有《出師表》；以物詠情有《貓捕雀》，《枯樹賦》；借景抒情的《歸園田居》等等。若篇章是描寫作者心情的變化，教師可引導學生將文中的作者感情的變化表列出來，將作者表達的「情」形象化，令學生容易明白。韋婭《那雙黑亮的眼睛》是描寫父女情，教師可和學生討論作者描寫父親眼睛的原因和探究作者心理的變化，從而加深學生對文中所表達的感情。

就中國文化篇章而言，教師必須運用文本「趣」之所在。「趣」是指

趣味。例如小四的課文《剪紙的藝術》，主要介紹我國不同類形的剪紙。除了文本介紹的知識，教師還要注意文本以外的剪紙知識。教師還可以請學生學習剪紙，剪出一些簡單的字詞和圖案，增加學生對中國傳統剪紙藝術的認識和興趣。

情意活動：感知和思辨

學生由認識品德情意，然後將知識內化為價值觀的形成，是很不容易的。劉曉偉（2012）認為內化的重要途徑便是自我體驗，注重體驗就是注重學生親歷知識建構過程的價值，即是注重學生和知識建構相伴相生的情意活動。課程發展議會（2017）認為價值觀和態度的培育應避免以説教的方式處理，而應重視「感知」和「思辨」的過程。因此，教師須設計情意活動，結合情境，幫助學生體驗，從活動中「感知」和「思辨」。

i. 建構情境，師生對話

教師建構情境的方法有很多，最常見的有三種：

一是建構「文中的情境」，教師要多介紹寫作背景，作者生平和個性。教師又可提出深層次的提問，讓學生明白作者在文中表達的感情。試問學生不明白屈原和杜甫的際遇和性格，又怎能理解他們的愛國情懷？不探討李後主身處的背景，又怎理解他亡國之痛？這些背景資料對學生「感知」文中的情境有一定的幫助。

二是建構「伸延情境」，教師除了幫助建構文中的情境外，還可以突破閱讀文本的限制。教師可用現代思想解讀文本的思想內容（王紅，2011）。若是文言文，教師可「立足古文，標新立異」（張守菊，2012）的做法，可用現代的個案或事例作討論，例如教師可用《陳情表》讓學生討論「忠孝對現今人們有何啟發」。教師也可運用的道德兩難，困境討論法，與高年級學生討論「忠義兩難全」的個案研究。「伸延情境」有助培養學生的「思辨」能力。

三是借助「媒體營造情境」，例如音樂情境，視覺情境（梁瑩瑩，2000）等，有兩種重要的作用：一方面教師可使用圖、文、聲、像等媒

體，有利營造文本的氣氛，以達到學生「感知」的效果。媒體能夠再現文本描繪的形象，甚至拓展想像（蔡正棟，2012）。例如教授《中國故宮》一文，教師可播放相關的影片（視覺情境），令學生感受故宮的宏偉和壯觀，這不是單靠教師的串講而做到的。另一方面運用媒體營造音樂情境，幫助學生投入朗讀，從朗讀中感悟。含情朗讀（陳建榮，2012；繆旭芳，2005）是感悟文本思想內容的好方法。進行大量誦讀，更能幫助學生真切地體驗字裏行間作者的心聲（周慶元，胡虹麗，2009）。若加上時代感的朗讀方法，例如教師運用適當音樂背景襯托朗讀，又或用時尚的念白，「快口」（Rap）方式處理具音韻格律的古代辭賦（魏國良（2007），必能增加學生學習興趣。現時網上有人用「快口」（Rap）方式讀木蘭辭，效果也不錯。最後加上一段現代人對花木蘭的看法的「快口」，更能突顯讀者的心聲，學生深感興趣。

值得注意是，上述三種建構情境的方法，必須配合師生在情意上的交流，進行對話，才可深化學生的「感知」和「思辨」的能力。陳建榮（2012）提出了進行情境對話。蔡正棟（2012）認為情境對話能幫助學生深入文本，尋求情感上的共鳴。教師與學生的對話，不僅是知識交流，幫助學生深入理解文中的「情」，而且是情意的互相激發（朱軍，1997）。蔡正棟（2012）提出情感遷移調控，教師要把課文蘊含的情感內化為自己的情感，利用情感的遷移功能，通過語言傳送情感信息給學生，並引導學生表達自我情感，參與情感互動。教師又可分享自己的經驗和感受，也鼓勵學生說出自己的感覺，從而達到師生交流的效果。

ii. 換位體驗，角色扮演

陳建榮（2012）認為換位體驗，能激發情感的轉化。所謂換位體驗，即是能易地而處，設身處地而想。即是葉苑（2011）所指巧用情意原理之感同身受。教師最容易幫助學生換位體驗，就是角色扮演。但角色扮演是否真能達到情意目標？廖向陽（2007）曾質疑角色扮演的教學成效，他認為不少角色扮演活動往往是表面熱鬧，實則內容空虛。角色扮演缺乏互動式教學，參與表演的學生較少，剩餘的學生不能真正地進入

情境，出現有人閒聊旁觀和談笑附和的情況。

其實，教師安排學生角色扮演時，可加入戲劇的元素「定格」[3]和「思路追跡」[4]（廖佩莉，2010），從而角色扮演可幫助學生發揮豐富的想像力，抒發自己對角色的感情（黃桂林，2002）。在「定格」中，可以提供機會給學生觀察、分析人物和事物的能力（張傳明，2002）。「思路追跡」的提問，更能深入理解篇中人物所想。若師生能對表演情境加以討論，便可促進全班的互動，有利建構正確的價值觀，增強學生價值判斷的能力（蔡敏，2004）。教師更可和學生商討如何幫助角色在情境中解難（Morgan 和 Saxton，2001）。

教師又可採用代入式的提問，請學生運用想像，代入文中的角色和情節去感受作者表達的內容，從而產生「共感」[5]。以下是選自小三課文《孫叔敖殺兩頭蛇》設計的提問：

- 代入主角：假如你是孫叔敖，你聽到傳言，你會打兩頭蛇嗎？為甚麼？
- 代入配角：如果你是孫叔敖的媽媽，你會勸告他嗎？你會和他說些甚麼？
- 代入角色以外的人物（原文沒提及的角色）：假如你是孫叔敖的鄰居，你看到孫叔敖打兩頭蛇，你有何感覺？你有甚麼建議？
- 代入情節的發展：孫叔敖後來做了宰相，你認為他成功的原因是甚麼？

教師讓學生從角色扮演活動中的「定格」和「思路追跡」中學習反思。從換位體驗中，深入理解文本作者的想法，有助培養學生「感知」和「思辨」的能力。

---

3 「定格」原理就像拍照一樣，劇中所有參與者將自己的表情和動作「凝住」，他們用肢體表現故事中的一個靜止畫面，成為一個「定格」。而其他同學就可以仔細分析表演者正在發生什麼事、人物間有什麼關係，又或者憑他們的面部表情來推敲其內心感受。
4 「思路追蹤」則是表演者說出扮演角色的心路歷程。
5 「共感」，是作者和讀者產生的共同感受，是讀者對作者所表達的思想產生共同或相似的感覺。

3. 另類的評估

多元性的評估

　　趙民（2009）和趙玉英（2009）認為情意教育應強調多元化評估。多元化評估是指評估內容和參與評估的人物很多樣化。要評估學生的情意，評估內容必須很多元化，包括他們對文本情意的理解和感悟，甚至內化為行為、態度、價值觀和習慣，是需要搜集學生的不同學習歷程的資料。同時情意評估是需要長時期的觀察，不同人物，學生本身、同儕、教師和家長教師也可參與評估。

　　學生建立自己的學習檔案，是評估情意的其中一個方法。例如學生收集自己喜愛閱讀有關情意的作品，登記記錄閱讀的數量，對作品寫出自己的感受，又或對閱讀內容進行反思。檔案內也可收集同儕間的互評表和家長對子女的觀察表。有了這些資料，教師便可作為評估學生的情意、態度、習慣和行為的依據，全面評估學生的學習表現。

注重質性評估

　　劉曉偉（2012）認為情意活動不能僅以量化方式評估，否則會使情意活動程式化而已。質性評估尤其重要，它不是純粹給予學生分數或等級，更重要的是可給予學生文字和口頭的回饋。教師在情意活動中給予學生回饋是很重要的，他可對學生的感悟加以認同，並給予鼓勵。教師又可清楚知道學生的想法，並可向他們提出改善的建議。若能得到教師、家長和同儕給予他們鼓勵說話，對培養學生道德情操有一定的幫助。

加入開放式問題

　　教師在考試擬題時，大多採用選擇題，填充和短答等題目來評估學生對篇章的理解。要評估學生對篇章感悟，教師可考慮加入開放式題目。郭根福（2004）認為近幾年國內中小學語文考試評價的發展來看，開放式題目逐漸增加。香港教師在擬題時也可加入開放式問題來評估學生的對文本的感悟。一般開放式的試題的評分準則大都是以「言之成理

則可」來評分，沒有一定的標準答案。學生隨意作答，不理解篇中內容也可能取分。教師必須注意擬題的技巧：題目須評核學生對課文的理解和想法。學生必須從文中拿出證據來證明自己所學和感悟。以下是一些試題例子和評分準則。

例如小四的閱讀理解試卷的篇章《周處除三害》：

試題是：周處有甚麼優點值得你學習？（2 分）試從文中舉例說明（3 分）。

評分準則：優點 (懂得反省 / 勇敢 / 其他合理答案 (2 分)

舉出例子，並說明 (2 分)

又例如中一閱讀理解試卷的篇章選自胡德斌《父親》：

試題是：假如你是《父親》中的老人，當你遇到文中的「女兒」時，你會想跟她說甚麼？（4 分）試從文中內容加以推想說明（2 分）。

評分準則：具創意性思維表達，包含感謝、感動、致歉等 (4 分)

並從文中內容推想 (2 分)

又例如中二閱讀理解試卷的篇章選自高騰騰《紅蓼，植物界勵志的典範》：

試題是：文中末段作者提及：「生命從來都不是以高度或精彩來衡量的，最重要的是姿態。」是甚麼意思？（2 分）你認同這句說話嗎？試舉一例說明。（4 分）

評分準則：解說正確 (2 分)

認同 / 不認同這句說話 (1 分)

引例說明，解說清楚 (3 分)

上述開放式的問題有助評估學生「感知」和「思辨」。這類題目的特點是必須先考核學生對篇章的深層理解，有自己的想法，並能舉例。若只考查學生的想法，缺乏對篇章的理解的題目，學生只會天馬行空的作答。若將上述《周處除三害》的試題改為：你認為周處為人如何？（5 分）如果題目沒有考核學生對內容的理解，學生未能從文中拿出證據來證明

自己所學和所想，那麼學生可能只是憑空作答而已，未能達到評估學生認識和欣賞篇章內容的深層理解的目的。

五、總結

　　要提升學生的語文素養，中國語文「情」的教學是重要的一環。中國語文情意教學的目的是讓學生認識和欣賞中國文化和文學。它具深層的意義，是一種中國文化的傳承。中國語文情意教學另一個目的是培養學生品德情意，是一種品格和價值觀的養成。朱軍（1997）指出語文教學必須要發展學生的情意品質。本文從教材、教法和評估方面作出建議。教師可多選中國文化和文學作品作為教材，施教時要突出文本的「情」與「趣」，為學生建構情境，進行師生對話。教師又可設計情意活動，安排學生進行角色扮演。當學生充分融入自我的體驗中感悟，情感與價值觀就能漸漸內化為穩定的心理品質（劉曉偉，2012）。

　　怎樣才算是成功的中國語文教學？學生在中文科考試取「甲」等（香港中學文憑考試取得 5** 等級）成績？他們長大後成為文學家？教師？醫生？律師？筆者認為全不是。中國語文教學除了要教出具語文能力的學生外，更期望能培養心地善良的學生，長大成為社會的棟樑。中國語文的情意教學是一個不容忽視的課題，更不應是教學的附屬品。

參考資料：

蔡敏（2004）角色扮演式教學的原理與評價，《教育科學》，20(6)，頁 28-31。

蔡正棟（2012）語文教學情意發展向度探析，《中國教育學刊》，3，頁 56-58。

陳建榮（2012）讓語文閱讀教學情意濃濃，《傳奇傳記文學選刊雜誌》，12，頁 13。

陳軍（1990）情意教育略論，《語文教學通訊》，12，頁 7-8。

郭根福（2004）試論語文課程評價的新策，《語文教學通訊論文教學論壇》，4，頁 18。

黃桂林（2002）扮演生活角色，指導假設作文 ，《江西教育》，15，頁 44-45。

蔣發萍（2013）追尋情意與理趣的和諧同構——淺議新形勢下如何構建初中語文有效課堂，《中國語文》，27，頁 16-17。

李燕偉（1997）淺談語文教學中的情意教育，《河北成人教育》，1，頁 46-47。

梁瑩瑩（2000）運電教媒體進行情意教學，《山東教學》，28，頁 51。

廖佩莉（2010）：加入戲劇元素：角色扮演在小學中國語文科的應用，《香港教師中心學報》，9，79-88。

廖向陽（2007）角色扮演應該緩行，《語文教學通訊（高中刊）》，4，頁 20-21。

劉曉偉（2012）語文課程情意目標設定與達成，《中國教育學刊》，3，頁 59-62。

繆旭芳（2005）論語文教學中的情感訓練，《鎮江高專學報》，18(3)，頁 94-97。

石歐和侯靜敏（2001）在過程中体驗：從新課程改革關注情感體驗價值談起，《課程、教材、教法》，2002(8)，頁 10-13。

王紅（2011）文言教學淺談，《文學教育》，5，頁 34。

汪明帥（2009）閱讀：語文教師專業發展的基點——《詩意語义——王崧舟語文教育七講》的啟示，《福建淪壇（社科教育版）》，9，頁 54-55。

魏國良（2007）《高中語文教材主要文本類型教學設計》，上海：上海教育出版社。

吳永超（2011）加強文學閱讀中的人文情意教學，《新課程研究》，236，頁 77-178。

香港課程發展議會（2004）《小學中國語文建議學習重點》，香港：香港課程發展議會。

香港課程發展議會（2017）《中國語文教育學習領域課指引（小一至中六)》，香港：課程發展議會。

葉苑（2011）小學語文課堂中情意原理的運用，《小學恃代》，33(2)，頁 0-21。

張傳明（2002）角色扮演教學法探析，《中國成人教育》，2，頁 47。

張守菊（2012）初中文言文教學策略淺談，《現代閱讀》，5，頁 158。

趙民（2009）論新課程改革背景下的情意教學，《滄桑》，6，頁 98-200。

趙玉英（2009）在我國新課程改革背景下的情意教學，《中國校外教育（下旬刊)》,1，頁 38-39。

周慶元和胡虹麗（2009）文言文教學的堅守與創新，《中國教育學刊》，2，頁 74-77。

朱軍（1997）語文教學與情意教育，《鎮江師學版（社會科學版)》，4，頁 120-122。

Morgan, N. ，& Saxton, J. (2001) Working with Drama: A different Order of Experience. *Theory into Practice,* vol. XXIV，3，211-218.

Tom Kubiszyn, Gary Borich（著），陳李綢（校訂）（1997）《教育測驗與評量》，台北：五南圖書出版社。

（轉載自：廖佩莉（2017）：「情」與中國語文教學，施仲謀，廖佩莉（主編），漢語教學與文化新探，（52-65），香港，中華書局。）

語文素養與文言學習

一、前言

懂駕車，並不表示他有良好的駕車態度。

懂閱讀，並不表示他擁有良好閱讀習慣。

具語文能力，也不表示他必具備語文素養。

上述例子說明學習者雖有知識和能力，但並不一定代表他在這知識和能力範疇所擁有的素養。「語文素養」和「文言學習」是近年教育界的熱話。培養學生的語文能力固然重要，但培養學生的語文素養是語文教學的趨勢。究竟甚麼是「語文素養」？文言教學有甚麼目的？文言學習如何能培養學生的語文素養？本文旨在討論上述問題，文中最後從課程、教法和評估方面提出一些建議，指出文言學習對培養語文素養的重要性。

二、語文素養

隨着社會發展，教育改革，傳統語文課程的目標，注重培養學生的語文能力，不足涵蓋學習的需要。「語文素養」是近年學習語文的核心價值。2001 年 7 月頒佈的《全日制義務教育語文課程標準（實驗稿）》明確使用「語文素養」一詞，說明九年義務教育階段的語文課程，學生必須致力發展語文素養，之後「語文素養」更被廣泛運用。香港教育局課程發展處（2010）年出版《新高中課程中國語文》提及「中國語文課程重視培養學生的語文素養。」課程發展議會（2017）進一步強調中國語文教育的課程發展方向是提升學生的「語文素養」，指出教師須給與學生豐富、均衡的語文學習經歷，包括聆聽、說話、閱讀、寫作及其綜合

運用；加強培養學生的品德情意，提高他們的道德操守，滋養情意；加強學生文化的學習，培養他們對中華文化的認識；加強培養學生自主學習語文的興趣、態度、習慣和能力等等，都是提升學生語文素養的建議，但文件卻沒有提及「語文素養」的定義。

根據《現代漢語詞典》解釋「素養」為平日的修養。「素」是指一向以來，「養」是指修養。修養是理論、知識、思想和待人處事方面所具的一定水平。點擊《百度百科》，「語文素養」是指學生在語文方面表現出的「比較能穩定的、最基本的、適應時代發展要求的學識、能力、技藝、情感和價值觀」。學者對「語文素養」的解說也眾說紛紜。有學者認為語文素養是語文知識和能力的總稱（黃朝軍，2010）；也有學者認為語文素養重視提高學生的品德修養和審美情趣，使他們逐步形成良好的個性和健全的人格（曹恩堯，2010）。其實「語文素養」是包涵學生在知識、能力、情感態度和價值觀等在語文方面的整體和綜合的表現。學生須具備：

- 語文知識和能力
- 情感態度和價值觀

綜合而言，「語文素養」是學生須經長時期語文學習所得的「學養」，包括對語文的認識和運用語文的能力；同時學生在語文學習修煉過程中所得的內隱「涵養」，包括對學習語文的興趣、態度、習慣和文本背後所表達的價值觀等的綜合素養。換言之，「語文素養」是學生長時期語文學習所得的「學養」和「涵養」。

三、文言教學的目的

上述歸納的「語文素養」定義，與文言教學的目的是一脈相承的。根據《古漢語知識辭典》的解說，文言是指古代漢語的書面語言形式之一。馬蒙（1979）指出「古漢語」一般籠統的稱做「古文」或「文言」。《文心雕龍》提出「今之常言，有文有筆，以為無韻者筆也，有韻者文也」。「文」就是指詩、辭、賦等作品；「筆」是指文言散文。所謂「文言學習」

是泛指教導學生學習中國古代有韻和無韻的作品。

香港課程文件沒特別提及文言教學的目標，但香港中國語文課程目標是「工具性」和「人文性」並重（廖佩莉，2012），文言教學的目標也是一樣「工具性」和「人文性」，亦即是「情」「理」兼備。所謂「情」的目標是指培養學生的學習興趣和文中包涵情意態度，即劉秀寶（2004）所指「感受文章內蘊之美」；「理」的目標是指培養學生的語文能力。這能力包括解讀文言字詞和文本的能力（陳如倉，2011）。廖佩莉（2015）將文言文教學的目的歸納為：

- 培養學生理解淺易文言的能力；
- 培養學生閱讀文言的興趣；
- 體味作者的思想感情。

課程發展處編訂（2007）的《中學中國語文建議學習重點》零碎指出了第三和四學習階段（即中學階段，中一至中六）文言學習重點。現根據這文件將文言教學的學習重點，整理如下：

(1) 語文基礎知識：是指學生須認識古漢語詞匯的特點（如多用單音詞及通假，一字多音、一詞多義、詞類活用）；認識常見的文言句式（如被動句、判斷句、問句、否定句、賓語前置、句子成分省略）。

(2) 閱讀：是指學生須理解常用文言虛詞的意義及其用法，連繫古今詞義的關係，比較古今詞義的異同。

(3) 感受和鑒賞：學生要感受作品的藝術形象、語文之美，體味作品的思想感情。

上述列出語文基礎知識和閱讀方面是指「培養學生理解淺易文言的能力」（理解文言中字、詞、句），即是語文的「學養」；至於感受和鑒賞方面（感受作品的藝術形象、語文之美，體味作品的思想感情）是培養學生閱讀文言的興趣和培養他們的情意態度和價值觀，是語文學習所得的「涵養」。可見「語文素養」一詞的意思，與文言教學的目的是互相呼應的。

四、文言學習能培養學生的語文素養

學習文言的有助培養學生的語文素養，這份素養必先經長時期的積累和沉澱，學生必須多閱讀文言。假以時日，這種積累必能提升學生的語文的「學養」和「涵養」，兩者是相輔相成。

(一) 文言學習能積累語文「學養」，有助學生打下語文的基礎

文言是白話的根基，學生多讀文言能加強他們的語文知識。從學習語文的角度來看，王力（2002）認為學習古漢語，不但可以提高閱讀文言文能力，同時也可以提高閱讀現代書報和寫作能力。他解釋現代漢語是由古代漢語發展而來的，現代的漢語的語法，詞匯和修辭法都是從古代文學語言裏繼承過來的。他又認為古代漢語修養較高，對閱讀現代文章和寫作能力也較高（王力，1997）。由此可知，要學好現代漢語，最好要有古漢語的修養。中學生學習一定數量優秀文言詩文，是全面提高語文素質的有效途徑，幫助學生打下紮實的語文基礎（徐莉莉，2010）。

學生從文言的字詞、句、語感三方面打下紮實的語文基礎。就字詞而言，文言的用字很精準，是學生學習用字的典範。例如王安石《泊船瓜洲》：「京口瓜洲一水間，鐘山只隔數重山。春風又綠江南岸，明月何時照我還？」其中「春風又綠江南岸」一句，巧用一個「綠」字，卻不用「到」尤為人津津樂道。「綠」是指綠化，作動詞用。其實，李白《侍從宜春苑賦柳色聽新鶯百囀歌》也有：「東風已綠瀛州草」中的「綠」字，也是「綠化」之意；將形容詞活用為動詞。古文用詞精準，是學生要學習的地方。

就句子而言，文言多運用的簡潔句子。例如歐陽修《賣油翁》：「陳康肅公堯咨善射，當世無雙，公亦以此自矜。嘗射于家圃，有賣油翁釋擔而立，睨之，久而不去。見其發矢十中八九，但微頷之。」短短四十多字，已清楚交代了人物的特點和神態，事情的發生的經過和結果。又以《出師表》為例，有謂「先帝知臣謹慎，故臨崩寄臣以事也。受命以來，夙夜憂嘆，恐托付不效，以傷先帝之明，故五月渡瀘，深入不毛

……」短短幾句話，已交代了諸葛亮輔助劉禪的原因，諸葛亮的戰戰兢兢，恐負劉備所託的心情和過往的戰績。學生多閱讀，能有助他們運用簡潔句子表情達意。

文言朗讀亦有助培養學生的語感。很多古文雖不是韻文，但作者能善用具節奏感的長短句。例如《左傳》的《燭之武退秦師》:「越國以鄙遠，君知其難也。焉用亡鄭以陪鄰？鄰之厚，君之薄也。若舍鄭以為東道主，行者之往來，共其乏困，君亦無所害………」又例如薛福成《貓捕雀》:「……物與物相殘，人且惡之，乃有憑權位，張爪牙，殘民以自肥者，何也？」

這些古文讀來跌宕有致，鏗鏘有力，學生在朗讀過程中自然感受箇中的語感。付艷青 (2010) 認為朗讀是憑借聲音語調領會作者思想情感的閱讀方法，是把無聲的文字化為有聲的語言。把單純的視覺作用轉化為各種感覺的綜合作用，從而加強對書面語言的理解和掌握。學生讀多了，自然掌握語感，奠定了他們的語文基礎。所謂「熟讀唐詩三百詩，不會吟詩也會偷」，真是一點也沒錯。

(二) 文言學習能積累語文「涵養」，有助學生培養個人的品德情意和價值觀

學生若能進行大量誦讀，積累典範的文言章句，便能幫助他們真切地體驗字裏行間作者的感情 (周慶元、胡虹麗，2009)，便能讀出感情。學生通過閱讀和欣賞一些優美的古文，學生自然而然地得到感染，滋養情意和培育品德，甚至發展為自己的價值觀念和倫理觀 (課程發展議會，2017)。

文言學習也是學生接觸中華文化及品德情意的學習的好時機。課程發展議會 (2017) 認為透過中華文化及品德情意的學習，加強價值觀教育。中國語文教育重視學生價值觀和態度的培養，中國語文的學習，除了培養聽說讀寫的語文能力和思維能力外，也包括性情的陶冶、品德的培養。學生閱讀經典篇章，既可學習篇中情理、認識中華文化，亦有助培養「堅毅」、「尊重他人」、「責任感」、「禮貌」、「承擔精神」、「誠信」

和「關愛」等價值觀和態度。

其中以「關愛」為主題的古文比比皆是，例如《孟子・梁惠王上》有云：「老吾老以及人之老，幼吾幼以及人之幼。天下可運於掌。」意思是「我們要孝敬自己的長輩，但也不忘記關愛其他與自己沒有親緣關係的老人。在疼愛自己的後輩的同時，也不應忘記愛護其他與自己沒有血緣關係的小孩。」這種「推己及人」的想法正是現今學生要學習的地方。又例如杜甫《茅屋為秋風所破歌》「安得廣廈千萬間，大庇天下寒士俱歡顏，風雨不動安如山。」杜甫認為只要人人安居，即使自己凍死也心滿意足！他對人民的關愛，是很值得讚揚。具人生哲理和價值觀的古詩文多不勝數，上述的兩個例子只是鳳毛麟角而已。

學生從文言學習中領會蘊涵在文章中的情感美，理解文中的感情，和作者同喜同悲，共樂共怒（都吉鯤，2011）。值得注意的是，隨着學生年齡的增長、閱歷豐富了，這種植根於他們心中的「向善，關愛」的意識將會逐漸明朗，直至他們長大成人，文言中蘊藏的一些哲理，做人處事態度仍能保持在心中，成為他們的人生座右銘。閱讀文言能讓學生理解世間許多做人道理，這有助培養高尚的情操和價值觀。

更重要的是，文言的流傳，保存了中華民族豐富的文化遺產（田小琳，1994）。古代經典集合了古人智慧和經驗，得以代代流傳，構成了民族精神的重要部份，形成了民族素養。學生能從古代經典中欣賞博大精深的中國文化和承傳優良的民族精神。這種從閱讀文言中漸漸獲得的「涵養」，是我國文化承傳不可或缺的元素。

五、建議

既然文言學習能積累語文的「學養」和「涵養」，那麼教師可怎樣幫助學生學習文言，提升語文的素養？很多人認為文言難讀，很難引起學生的興趣，其實文言內所包涵的哲理，是歷久彌新。教師宜多注意如何引導學生欣賞，引起他們的興趣，從而產生情意，養成閱讀興趣和習慣，在潛移默化中提升他們的語文素養。

(一) 課程：加入文言學習

現時香港着眼於中學文憑考試中加入指定文言篇章，和討論應加入篇章的數目。其實只要適合幼兒和小學生能力和興趣的文言篇章，也可建議加入課程。香港有些幼稚園和小學也加入詩詞的課程，有些幼稚園學生已懂背誦《三字經》、《百家姓》，《千字文》，效果也不錯。小學可於高小時增加較多音節優美、琅琅上口的短淺古詩文。課程發展議會 (2017) 指出學生升中後所接觸的文言篇章會較多，教師可讓學生多接觸文言作品，引導他們多誦讀，感受作品的情意。課程發展議會 (2017，頁 10) 建議如下：

> 學校可循序漸進，從小步子出發或由一些試點做起，例如：因應學生文言學習的情況，參考教育局提供的《積累與感興— 小學古詩文誦讀材料選編》和《積學與涵泳—中學古詩文誦讀材料選編》，逐步為不同學習階段、級別的小學或中學生編選校本古詩文誦讀篇目，以進一步加強文學、文化的積澱。至高中時，更需注意與課程指定文言經典學習材料的配合。

這些建議是很值得參考。學校更可鼓勵學生多進行伸延課外閱讀，付艷青 (2010) 認為必須擴大閱讀，學生在閱讀中積累語言。至於高中學生，教師可提供推薦一些古文賞析和古文導讀的篇章，幫助他們更深入理解和評價文本的內容。

(二) 教法：生活化的指導

1. 注重「古語當時興」

教師多可介紹古漢語的詞源，很多古漢語是現時也流行的用語，即是「古語當時興」。在日常生活中，現時流行的字詞，其實是來自古語，文言其實並不是遙不可及，不能理解。要增加學生對古語的興趣，教師可多留意和介紹生活中的字、詞和句的用語來源。例如現代常用「潮人」

來形容追上潮流的人，「潮」是潮流。早在孫焯《望海賦》已有記載「潮流」這個詞：「商客齊唱，潮流往還。」這是指海水漲落形成水流的氣勢和影響，即潮流的意思。現常說的「奸」字，諸葛亮出師表早有云：若有作奸犯科及為忠善者，宜付有司論其刑賞。」「作奸」是指「作惡」，「奸」字泛指「邪惡、陰濕、狡詐」的意思。

　　現在常有人說「大人」一詞，也沿自古語，《古漢語常用詞詞典》解釋有兩個意思：一是長輩的尊稱；二是居於高位的人。《呂氏春秋・勸學》：「理勝義立則尊矣，王公大人弗敢驕也。」現常有人用「老婆大人」尊稱自己的妻子；「法官大人」尊稱法官。又例如《史記・項羽本紀》有謂「楚戰士無不一以當十。」中的「一以」即「以一」，意思是「以一個」，「用一個」，它是賓語前置（徐安崇、隆林，1996），現在也有人用「以一當十」形容武藝高強。

　　詩詞中也有常用佳句，例如唐李商隱《無題》有云：「……身無彩鳳雙飛翼，心有靈犀一點通。」蘇軾《水調歌頭》：「……人有悲歡離合，月有陰晴圓缺，此事古難全。但願人長久，千里共嬋娟。」其中的「心有靈犀一點通」和「但願人長久，千里共嬋娟。」是現時日常生活常引用的詩句。教師可多介紹有些古漢語與現時的用詞是有關連的，加強學生對學習文言的興趣。

2. 加強歷久彌新的感受

　　古代作品的內容看似與我們的生活風馬牛不及，但它是生活的反映，若教師能將古代和現實生活串連一起，尋找古今情懷的共通點，便能引起學生情緒的共鳴和學習的興趣。所以教師如何把文言帶進生活讓學生感悟，是很重要的。換言之，文言文內容不應脫離生活，讓人文情感走進文言課堂，學生在情感上產生共鳴（陳光輝，2011），是教師設計文言教學時要考慮的重點。

　　例如歷黎江（2009）曾提議通過《石鐘山記》來研究蘇軾的教子方式，是否為現今青年人所接受。教師可採用現今社會個案探討孟子《魚我所欲也章》「捨生取義」的哲理。教師又可用《愛蓮說》和學生分析君

子的特徵，並請他們用現今人物舉例說明。教師也可和高中生討論如何運用孔子《論語》的哲理幫助他們待人處世。學習文言不是「過時」的，當中的哲理是歷久彌新的。

3. 重視大量閱讀和朗讀

　　所謂「開卷有益」，多閱讀對學習有一定有幫助。「讀」包括閱讀和朗讀。閱讀能有助鞏固語文的學養，學生大量閱讀文言，從讀中積累語言，在不知不覺中打下紮實的語文基礎。朗讀也不容忽視。陳光輝 (2011) 批評現時的文言教學是重「講」而輕「讀」，意思是教師講得多，學生讀得少。其實朗誦和背誦是需要的（王元達，2001；朱莉，2008；趙春秀，2008；林永波 2011，吳媛媛，2012）。誦讀是學好文言的基礎，除了讀準字音外，還要讀出感情（金文芳，2009），將作者的思想感情用聲韻表達出來（陳曉萍，2012）。若教師在課堂上預出充分的時間讓學生吟誦古文，養成習慣，學生便能有效掌握文言的節奏和感受文中表達的情感。培養學生的吟誦習慣對於語言積累的意義是不容小覷的。從大量朗讀古文中能讀出感情（金文芳，2009），是積累語文素養的一種方法。

(三) 評估：擴潤評估的方法

　　現時教師多用傳統的紙筆測考來評估學生學習古詩文的理解，然後給予評分。若加上教師要學生不斷的操練試題，他們只會對文言生厭，不想接觸文言。所以，教師還可以多善用不同的評估課業，擴潤評估模式。

　　評估課業不單是指練習，紙筆測驗和考試，它也包括了學生在日常學習的評估活動。教師可利用多媒體網絡，提供具素質的網址，讓學生會自行選擇喜愛的篇章自學。現時互聯網上常有很多中國經典的詩詞和文言文的語譯篇章，有賞析的介紹和朗讀示範，可幫助學生自行學習。多媒體網絡能改變學生在文言傳統教學中被動學習的位置，成為自主學習（李小雲，2007）。教師可鼓勵學生多收集經典文句和寫感受，將文

中的精闢句子和見解，寫在筆記簿上（付艷青，2010）。現代的電腦和手提電話更能方便學生記錄這些句子。閱讀紀錄，讀書扎記，是評估學生閱讀文言的課業。此外，學生在平日課堂的朗讀和角色扮演，也可以評估他們的表現。這些從平日學習活動中的評估，既可減少學生對文言的恐懼，又能引起他們對文言學習的興趣。

六、結論

　　要學生學好中文，不單是要他們有一定水平的語文能力，他們也須具備語文素養。可能有教師認為學生要具備語文能力已很困難，培養學生語文素養更是難上加難。如何培養學生的語文素養？文言學習是其中重要的一環。

　　從課程方面來說，可由幼稚園開始、小學和中學加入適合學生能力和興趣的文言篇章，讓他們自小培養喜愛閱讀文言。筆者期望學生能主動多閱讀古文，形成喜歡閱讀的習慣，這是提升語文素養重要法門。就教法而言，教師應多運用生活化的指導，探究古今情懷的共通點，讓學生投入欣賞和學習古詩文。就評估方而言，教師可採用不同類型的評估課業。

　　「語文素養」是學生須經長時期語文學習積累所得的「學養」和「涵養」。教師必要讓學生多接觸文言，感受和欣賞文言中的真、善、美，引起學生的興趣，陶冶性情。這份語文的「學養」和「涵養」是現在和未來中國語文教育的核心價值和方向。

參考資料

曹恩堯（2010）把握語文教育特點 提高學生語文素養，《中國教育學刊》，1，頁51-54。

陳光輝（2011）文言文教學存在的弊病及其矯正策略，《現代閱讀》，12，76。

陳如倉（2011）淺談初中文言文教學的現狀與策略，《科教縱橫》，12，219。

陳曉萍（2012）浸潤涵泳，體味其中—讓文言教學綻放生命之異彩，《劍南文學（經典教苑）》，6，83-86。

都吉鯤（2011）讓文言文教學充滿審美愉悅，《中學語文》，6，33-34。

付艷青（2010）努力提高學生的語文素養，《文學教育》，（1A 卷），頁 38-39。

黃朝軍（2010）在生活實踐中提高學生語文素養，《文學教育》，（9），頁 58-59。

教育局課程發展處（2010）《新高中課程中國語文》，香港：香港政府印務。

金文芳（2009）「活」乃文言教學之魂，《語文學刊》，3B，25-28。

課程發展議會（2007）《中學中國語文建議學習重點》，香港：教育局課程發展處。

課程發展議會（2017）中國語文教育 學習領域課程發展指引（小一至中六）香港：教育局課程發展處。

廖佩莉（2012）從香港中國語文科課程的目標和評估趨勢析論中文科教師給予學生的回饋，《教育研究月刊》，215，122-133。

廖佩莉（2015）析論香港文言教學的現況和對策，《中國語文通訊》，94(1)4，45-57。

歷黎江（2009）反思文言教學的新迷失，語文教學與研究，5 期，62-63。

林永波（2011）文言文教學的困惑及其對策，《文教資料》，2 期，60-62。

李小雲（2007）當文言文教學遇上多媒體網絡，《中國科技創新導刊》，469，150。

劉寶秀（2001）讓源頭活水，走進文言教學，《太原教育學院學報》，22(3)，73-74。

馬蒙（1979）古漢語在中學中國語文課程中的地位問題。收錄於香港語文教育研討會編輯委員會編：《語文與教育：一九七九年香港語文教育研討會》頁 105-108，香港：香港語文教育研討會。

田小琳（1994）文言教學面面觀——從課程、教材、教法看文言教學。收錄於田小琳、李學銘、鍾嶺崇編：《語大教學面面觀》，頁 313-319，香港：香港文化教育出版社。

王力（1997）《古代漢語》，北京：中華書局出版。

王力（2002）《古代漢語常識》，北京：商務印書館。

王元達（2001）優化文言教學的幾點思考，《教育實踐與研究》，2，23-24。

吳媛媛（2012）文言教學實踐在古代漢語教學中的策略探究，《黑龍江高教研究》，220，93-194。

徐安崇、隆林（編）（1996）《中學語文知識辨析》，北京：語文出版社。

徐莉莉（2011）《語文課程改革後的文言教學》，http://www.hkedcity.net/iclub_files/a/1/74/webpage/ChineseEducation/2nd_issue（下載日期 16/5/2018）

趙春秀（2008）高中文言文教學誦讀方法指導，《科學之友》，12，125-127。

周慶元、胡虹麗（2009）文言文教學的堅守與創新，《中國教育學刊》，2，74-77。

朱莉（2008）創新文言文誦讀教學法的探索，《語文學刊》，2，72-73。

（轉載自廖佩莉（2019）：語文素養與文言學習，施仲謀，何志恆(主編)，中國語文教學新探，(21-33)，香港，商務印書館。）

第二章
學生為本的中國語文教學

中文課堂不是滿堂貫,以教師的講授為主;而是教師以學生為本,幫助他們學習。

香港學生學《清明》

　　杜牧《清明》膾炙人口，描繪了清明時節的情景，也刻劃出作者當時的心情。香港的清明節是公眾假期，很多孝子賢孫也會祭拜祖先，悼念已逝的親人，但是要小學生瞭解詩中的意境是困難的。究竟教師怎樣用現代情境幫助他們欣賞《清明》一詩呢？以下是其中的教學片斷。

師：三、四月的天氣是怎樣的呢？

生：有霧水，很潮濕呢！

師：還記得三、四月周圍的潮濕情況嗎？

生：我們的桌子有很多水，常常要用紙布抹桌子，很麻煩。

生：還有地上也有水氣，濕滑滑的，行路也要小心，很容易滑倒。

生：下着微雨，乍暖還寒。

師：你們的心情如何？

生：很惱人。

生：不開心。

師：若果當時你是當時孤身上路，山路充滿泥濘，你的心情又如何？

生：肯定很苦悶，沒有朋友相伴，而且潮濕的山路是很難行的。

師：我也有同感。杜牧《清明》的首兩句正說明當時的情境，從第一句短短七個字中你們可找到了作者描繪的時間、天氣和心情。

生：是啊！「清明時節雨紛紛」是指春天下着細雨，心情應像雨紛紛一樣，不會好吧！

　　（教師詳細解釋「雨紛紛」，加深學生認識詩中對環境和心態的描述）

師：路上行人是指甚麼人？給你們一些提示：與清明節有關。

生：（搶着答）是掃墓的人。

師：「路上行人欲斷魂」與剛才你們所說孤身上路的感覺有何分別？

生：應該是路上行人更傷心，因為他們「欲斷魂」，孤身上路只會
　　感到很孤獨和寂莫而已。

　　（學生似乎未能解釋「欲斷魂」，教師詳細解釋「欲斷魂」一詞）

師：假如你是作者，面對三、四月的天沉沉的潮濕天氣，加上下着
　　毛毛雨，又不知雨從哪方向飄過來，當時你要孤身上路，眼看
　　路上行人全是不開心的，內心十分淒迷哀傷，你有甚麼感覺？

生：煩悶、想找朋友、不想再行下去……

師：當時你最想做甚麼？

生：想家啊！或是找處地方歇歇腳，避避雨也不錯吧。

師：你會到甚麼地方歇歇腳？

生：（反應熱烈）到「麥當奴」速食店喝汽水，吃漢堡包。

師：作者和你們也想法一樣，想找一處地方歇歇腳。現在你們可到
　　「麥當奴」速食店，但古時沒有，作者往哪裏去？

　　（教師解釋「借問酒家何處有？牧童遙指杏花村」這兩句，尤其
　　是作者為何用「遙指」一詞）

　　　教師主要是運用了現代情境引導學生欣賞《清明》詩，教師先提問學
生對三、四月天氣的感覺，要他們感受黃梅天氣帶來的苦悶心情，再用
「孤身上路」和「路上行人欲斷魂」的情況，請他們設身處地想想。他們想
歇歇腳的心態和作者的心情是相似的，只不過是他們想到「麥當奴」喝汽
水而作者則想去「杏花村」喝酒而已。雖然作者與小學生的時代背景相距
甚遠，但是教師運用「情境」教學，卻能令學生和作者的心境貼近，讓學
生明白古詩的內容並不是高深莫測和不合時宜，它所表現的情懷是歷久彌
新的，從而令他們喜愛念詩。詩意傳承是可超越時空的局限性呢！

（轉載自廖佩莉（2011）：香港學生學〈清明〉，
《小學語文教師》，287，53。）

比較中「釋詞」

　　最近香港小學中國語文課程進行改革，加強了文學元素。其中一篇五年級的課文杜牧詩《清明》。以下是「清明時節雨紛紛」一句中「紛紛」一詞的教學片斷：

師：大家會用甚麼詞語形容下雨？

生：大雨、雷雨、暴雨，還有傾盆大雨、滂沱大雨。

師：這都是很大的雨啊！你們能畫出「滂沱大雨」的雨勢？（生舉手，教師請其中一位上黑板畫，並請他解說。）

師：好。請看課文中的詩句，哪一詞語是描寫雨，但卻與圖畫中的大雨是相反的？

生：詩中第一句「紛紛」一詞。

師：為甚麼？

生：「雨紛紛」是指微雨。

師：我想請一位同學畫出微雨。（師請一生位嘗試，並請他解說）

生：微雨是細小的，有小小雨聲。不會像下傾盆大雨那樣大聲啦！

師：不錯！但嚴格來說，「微雨」和「雨紛紛」是有點區別的，你知道嗎？我們可從雨水的形態和聲音這兩方面想想。

生：微雨，小雨點落下來有小小的雨聲，但雨紛紛是無聲的雨，而且雨很輕。

師：你們有沒有見過「雨紛紛」的情境？

生：啊！在三、四月時，我見過這些很輕的雨。

師：那時你的心情如何？

生：我想我會很煩悶。我不知道應不應開傘子呢？是毛毛雨，不知雨從哪方向飄過來，但卻下得很雜亂。

　　上述案例中，教師先讓學生將形容大雨的詞語：「傾盆大雨」、

「滂沱大雨」，和「雨紛紛」作比，引出「微雨」，再進而比較「雨紛紛」和「微雨」的分別，層層遞進，使學生體會到了「雨紛紛」的真意，並感受到詩中的意象。由意象再進而感受到當時面對這雨景的煩悶心情，為理解後一詩句「路上行人欲斷魂」作鋪墊，可謂一舉多得。

（轉載自廖佩莉（2008）：比較中「釋詞」，
《小學語文教師》第 255 期，頁 32。）

如何引導學生欣賞《遊子吟》詩？

　　孟郊《遊子吟》歌頌母愛，描繪了慈母對兒子的關顧，寓意深遠。很多香港的小學也以此詩為教材，但是要小學生瞭解詩中的深意是困難的。究竟教師怎樣幫助他們欣賞《遊子吟》一詩呢？以下是其中的教學片斷。

師：第一、二句中描寫了哪些人呢？

生：有慈母和遊子。

　　（若學生不懂「遊子」一詞，教師可和學生討論）

師：第一、二句中描寫了哪些物呢？

生：「線」和「衣」。

師：好。「線」和「衣」兩者有何關係？

生：「線」是製「衣」必要的工具。

師：答得好。

　　（教師可請學生解說第一、二句詩意）

師：為甚麼作者要將「線」和「衣」，慈母和遊子緊連在一起？

生：（想了一會）慈母手中的線代表她對兒子的愛。

師：不錯，你們剛才所說，「線」是製「衣」必要的工具，母子的關係如何？

生：關係密切，甚至是相依為命。

師：答得非常好啊！他們關係那麼好，如果兒子要遠行，做母親一定是很捨不得，詩中的母親有沒有哭泣？

生：沒有啊。

師：難道她不關心兒子嗎？

生：（搶着答）不是。

師：為甚麼？給你們一些提示，第三、四句中從她在動作和心理方

面多加分析。「密密縫」和「遲遲歸」兩者字數相同，形式很相
似，意思卻有不同，究竟有何別？

生：「密密縫」是指她在兒臨行時縫製衣服的動作，「遲遲歸」是指
　　心卻擔憂他不知幾時才回來。

　　（教師請學生做到「密密縫」的動作和和憂心他「遲遲歸」的表
　　情，學生踴躍嘗試，並指出慈母的動作和心情正表示她對兒子
　　的愛）

師：假如你是作者，面對慈母對自己的關懷和擔心，你有甚麼
　　感覺？

生：很想報答和孝順她呢！

師：是的，但怎樣報答？

　　（學生爭着說，教師讓他們發表自己的感受）

師：作者又有甚麼感受？

生：（讀出來）誰言寸草心，報得三春暉。

　　（教師與他們討論「寸草心」和「三春暉」的意思）

師：作者用「寸草心」比喻兒女報答母親的心，「三春暉」比喻母愛
　　如春天陽光，草和陽光。它們有甚麼關係？

生：小草要靠陽光才能生長。

　　（教師解釋「誰言寸草心，報得三春暉」這兩句的深層意義）

師：作者認為你們剛才所說的方法能報答母親嗎？

　　（學生各抒己見）

師：（總結）子女只像區區小草，母愛如春天的陽光，子女怎樣報答
　　她們，也不及她們對子女的愛意。我們更要盡好本分，好好孝
　　順她們。

　　教師運用了比較和對照方法引導學生欣賞《遊子吟》詩，教師先提
問學生「線」和「衣」的關係，要他們領略母子相依的親密關係，再比較
「密密縫」和「遲遲歸」的用詞，指出母親的動作和心理狀況，細緻地寫
出母親對兒子默默的支持和擔憂，蘊藏一種含蓄的愛。然後教師請學生

設身處地想想他們怎樣報答親恩，讓他們發表意見後，教師指出作者的感受作總結，對比「寸草心」和「三春暉」的意思。孟郊的《遊子吟》能深入淺出，直抒胸臆歌頌母愛，教師運用生動的對比方法，令小學生明白箇中道理。《遊子吟》可幫助他們感受這份歷久彌新的母子情。

一切從「心」出發

「星期天，大家有甚麼節目？」我問眼前的學生們。

一聽這個話題，這些四年級的孩子很開心地回答我：游泳、逛商場、玩電子遊戲……

「節目真豐富。你們猜猜老師怎樣度過星期天？」我抱起雙臂，做出很神秘的樣子。

「看電影？」

「看電視？」

學生你一言，我一語，答案很豐富。

「好了，好了。我的節目是批改你們的作文啊。」我一邊說，一邊派發自己寫的文章給學生看，題目是《一個批改作文的星期天》。

學生專心地閱讀，不時發出笑聲。「原來老師一面批改我們的作文，一面吃零食。老師，原來你愛吃巧克力和口香糖。我也愛吃啊！」

「是啊！但是我要大家學習的不是吃零食。」

學生們大笑。

等他們安靜下來了，我接着說「我要你們從文章中學習我怎樣記敘這一天。」

「這是記敘文，有時間、地點、人物，事情發生的經過。」小易很快反應。

「很好。我除了記敘批改你們作文的經過外，更重要的是將我心底話寫出來，我常用比喻句來描述我的想法和感受。記者：要將自己心底話寫出來，才能寫出有趣和有個性的文章。你們能從文中找出這些句子嗎？」

學生很認真地找到句子，我一一加以解釋……

「那，你們今天作文題目是甚麼呢？讓我們來看看」我出示了題

目《一個 xx 的星期天》。

「xx 是我們自定的嗎？」小惠問。

「對。xx 的字數也可以自己決定，你可以寫一個『平淡』的星期天，一個『令人難忘』的星期天。寫作內容要配合你自擬的題目，表達心中所想。」

在學生寫作過程中，我指導成績較遜的學生表達自己的所想。學生完成寫作，我請幾位同學朗讀他們的作品，以下是小戚的一篇：

　　一個美味的星期天

　　今天是星期天。我八時起床，吃過早點後，我們一家人就上主日學校去。下午一時，我回到家裏。忽然很想吃一些甜品，但媽媽說要吃了午餐才准吃零食。雖然我不太願意，但也只好乖乖地答應。

　　好不容易才吃完了那碗難咽的麵（是哥哥煮的，所以即使好吃我也當是難吃）。我悄悄地在儲糧櫃取了一盒布丁粉，嘗試自己弄。加了熱水後要攪勻。唉！我真沒有恒心，才攪了一會就打瞌睡！然後，我加了六顆冰塊。我把它放進冰箱裏，再等一等就可享用啦！

　　我呆呆地望着時鐘，時間簡直比蝸牛爬還慢。我等呀等，竟坐在椅子上睡着了……突然，一陣奇怪的聲音傳入我的耳朵，我嚇得立刻醒來。原來，是哥哥在房裏睡覺的「鼻軒聲」，看來他好夢正甜吧！這時，我想起了冰箱，想起了布丁。我連忙打開冰箱，取出那杯布丁。那麼漂亮、晶瑩通透。看起來實在非常美味，令我垂涎三尺！

　　我慢慢地享受冰涼布丁滑進口腔的感覺，濃鬱的芒果香味在我的臉旁打了幾個滾。好味道指數要比我的午餐高千百倍了！唔，很好，很好！這個星期天很美味呢！

我給大家讀了小戚的作文。問「你們喜歡這篇作品？」

學生異口同聲回答說喜歡！寫得很棒！

「怎樣棒呢？」

小易說「等待吃布丁和吃布丁的時候，寫得很生動，我也想吃布丁。」

雅尼說「我很欣賞他的作品，他能坦白說出自己心中所想……"

我說是的，雖然作品一些寫法仍有不足之處，但這是一篇情真意切的精品。因為我們選擇了自己心中的題目，作文是從「心」出發的。

（轉載自廖佩莉 (2010)：一切從「心」出發，
《小學語文教師》，271，頁 49-50。）

創造學生自主學習中國語文的空間

在一般學校的中國語文課裏，學生總是離不開閱讀課文，和回答教師的提問。學生參與教師預先為他們設計的課堂活動，例如分組討論、角色扮演，閱讀指定的篇章；放學回家後，學生依照教師的指示做功課、作業、抄詞語。這種學習模式沿用已久，看似沒有甚麼不妥，但是教師為學生提供自主學習的機會不多，學生成為學習的被動者，學生思維的深度和廣度並沒有得到充分的拓展。

所謂「自主學習」（Independent learning），即是指自己作主、自我決定、自我控制的學習，有時也叫做主動學習（Active learning），是相對於他主、他控、被動式的學習而言 [1]。換言之，學生對為什麼學習、學習甚麼、如何學習、學習得怎麼樣等問題都有所掌握 [2]。自主學習理念，帶動了教師教學的轉變。教師不僅是知識傳授者，而是幫助學生學習的推動者。教師可從學習目標、主體、內容、評估等方面作出以下一些改變，為學生創造一個自主學習中國語文的空間。

一、學習目標：由學生「學甚麼？」到「學會甚麼方法學習？」

語文教師在訂教學習目標時，大都以學生能掌握課文的詞語、大意、文章結構和文章寫作技巧為重點，側重學生「學了甚麼」。但是在現今日新月異、知識型的社會中，學生不僅要掌握所學的知識，更重要的是掌握學習的方法，能自學，以應付不斷轉變的社會。因此，學生「學

1　肖嘯空（2004）〈自主學習研究中幾個問題的探析〉，《重慶教育學院學報》2003 年第 17 卷，第一期，第三十五至三十九頁。

2　徐元慧（2003）〈自主學習方式在語文課上的落實〉，《小學語文》2003 年第 3 期，第三十六至三十八頁。

會學習」是教師必須考慮的一個重要課題。教師在釋詞時，不妨請學生自行找出不懂的詞語，然後指導他們學習不同尋找詞義的方法，例如運用不同類型的詞典、字典、電子工具書，讓學生掌握學習的方法進行自學，查出詞義。教師指導學生寫字詞的筆順時，可請學生探究和歸納寫筆順的規則，如由上至下、由左至右的寫法。那麼當學生遇上一個不懂的新詞時，他們便可根據所學的寫筆順的原則，正確寫出新詞的筆順。

二、學習主體：由「教師的提問」到「學生主動的發問」

　　一般中國語文課的提問，大都是由教師提出的，學生作答而已。其實學生也可以就課文內容設計問題給同儕作答。起初學生提出問題是有困難的，但在教師的協助下，他們必能適應和懂得如何發問。若加入分組提問和作答比賽，學生便會更加活躍，主動參與學習。負責發問的學生充滿好奇，作答的學生要認真思考同學提出的問題，他們便會主動閱讀，從中找尋答案。有了這樣強烈的發問和作答意識，學生自主學習就能順利展開。教師在整個學生提問和作答的比賽過程中，可擔當「裁判者」和「鼓勵者」的角色。一方要分析學生提問的層次和學生答案；另一方要鼓勵學生提出有思考價值的問題。

三、學習內容：由「課堂教學」到「課後延續」

　　課堂學習固然重要，但不要忽略「課後延續」是培養學生自主學習的好時機。課後延續的活動能幫助學生將課堂所學的轉化為一種能力，進行自學。例如教師教完了「古代英雄人物」一課，但不是每個學生都喜歡閱讀古代英雄人物的故事，教師可請學生選擇「自己喜愛的人物」的文章、書本作為課後延續的閱讀。學生每閱讀完一篇，便在記錄卡上填上課外讀物的名稱和作者的基本資料，以自己在課堂上所學，分析作品人物性格的特點，將自己的理解與感想寫下來，加深對讀物的認識。由於學生所選的讀物都是描述他們自己喜好的人物，例如足球名將、偶像派歌手、發明家、太空人等，他們便會主動和積極地閱讀。因此教師

要創造學生自主學習中國語文的空間,不妨考慮將學生在課堂上學習的機會伸展到課後。因應學生的興趣和能力,設計不同的課後延續活動,促使他們主動學習。

四、學習評估:由「總結性評估」到「進展性評估」

語文學習的評估大都以測驗、考試來評定學生的語文能力,是以總結性評估為主導。教師是是評估學生的重要人物,學生並沒有自主權評估自己的學習表現。但是自主學習卻要求學生監控自己學得怎麼樣,注重學生學習的進程。要有效幫助學生監控自己的學習,就得要他們能不斷地反思。

學習檔案是培養學生反思,自主監控學習進程的有效評估工具,原因有二:其一是學生須對自己的學習進程作出評價,學生的自我評估及同儕的評價都是學習檔案的重要証據。這種「自評」和「互評」有利學生監控自己的學習進程;其二是學習檔案十分注重評價在過程中學生的參與,他們有極大的選擇性去決定用甚麼例証或作品來評分,反思自己所學,這有助創造學生自主評價自己學習的空間。

五、結語

近年國內的《九年義務教育語文課程標準》強調學生是學習的主體,學生應自主和積極學習。要學生自主學習,教師必須為學生提供自由發揮的廣濶空間,誘發學習動機,讓學生對學習着迷。只要學生對學習着迷,他們便能積極參與,勇敢探索地學習,體會學習中文的樂趣。

轉載自廖佩莉(2007):創造學生自主學習中國語文的空間,輯於科文主編《燭光——教育改革前沿》,(頁 1076-1077),北京,中國計量出版社。

香港中文科童話教學的個案研究初探

一、前言

　　閱讀能力及閱讀品味影響國民的學習能力和國家的未來發展，所以閱讀是全球各國致力發展的教育方向（柯華葳，2009；沙永玲、麥奇美、麥倩宜譯，2002/2015），因而，從小培養兒童閱讀興趣是非常重要的。那麼如何培養兒童的閱讀興趣呢？童話是兒童喜愛閱讀的體裁，並且易於融入課堂教學，因此可作為培養閱讀興趣的搖籃。童話教學是語文教學重要的一環。教師可抓住童話特質，優化童話教學，培養兒童閱讀樂趣。本研究是採取個案研究方法，探討香港某小學的教師進行童話教學所運用的策略和遇到的困難，並分析學生對童話課的意見，以期為有意進行童話教學的教師提供參考。

二、 文獻探討與研究目的

2.1 童話的特質

　　童話是一種具有濃厚幻想色彩的虛構故事，大多採用誇張、擬人、象徵等表現手法去編織奇異的情節（莊永洲，2012），童話惜助奇特的想像擺脫時空的束縛，將半平凡的真實世界幻化為美麗、超現實的境界，為兒童帶來無限的驚喜和愉悅，滿足了兒童的好奇心（陳笑，2012）。童話的情節生動有趣，能培養兒童的美感，陶冶性情，是兒童喜愛閱讀的體裁。根據這個解說，童話的特質大致可分為：

1. 幻想和想像

　　童話是作者通過幻想，用誇張手法創造出來的故事（王曉娟，蔡

錦珠，2012），其最顯著的特質就是幻想。童話故事給予兒童無窮的創作和想像空間（Flack，1997）。童話中描寫的情節和成功的人物全依賴作者的聯想力和想像力，沒有了豐富的想像就沒有童話（王志鵬，2005）。林文寶（1987）認為這種幻想和想像是有組織的，童話的想像非胡思亂想，而是將一些平凡、膚淺、人人皆知的現象，轉變為一種神奇的事物。

2. 思考和感悟

童話故事往往塑造善良、正直、勤勞的人物形象，引領着兒童的純真嚮往和對真善美的追求（周素萍，2012）。童話能抒發人類對美好生活和崇高信念的追求，也讓兒童對「善」與「惡」有所思考和感悟。有教師認為童話是要給兒童講道理（李萍，2010）。其實，童話不必一定要具教訓意味，它可以是從兒童的角度敘述故事，令他們有所感悟。兒童會為童話中的人物遭遇抱不平，或對人物的行為有所質疑，感受故事中的喜怒哀樂。凡此種種的思考和感悟，是兒童成長的重要元素。

3. 童趣和愉悅

童話充滿生動、曲折的情節，活潑、奇特的人物。童話打破時空的界限，是現實與幻想的融合，能帶給兒童快樂（陳正治，1990）。換言之，童話中的趣味能牽動兒童的心靈，讓他們獲得樂趣。

2.2 童話教學的目的

香港課程發展議會（2008）出版的《小學中國語文建議學習重點》建議將童話列入中國語文科閱讀範疇的課程範圍，鼓勵兒童閱讀，進行不同類型的寫作，但卻沒有明確列出童話教學的目的。中國也很重視童話教學，更視童話為小學階段低，中年級常見的一種文學體裁（王黎，2011）。中華人民共和國教育部（2002）制定的《全日制義務教育語文課程標準（實驗稿）》（以下簡稱《課程標準》）就明確把「閱讀淺近的童話、寓言、故事，嚮往美好的情境，關心自然和生命，對感興趣的人物和事

件有自己的想法，並樂於與人交流。」（頁 8）定為第一學段閱讀教學的目標。本研究是根據《課程標準》對童話的要求和童話的特質，將童話教學的目的歸納為三項：

（1）培養學生的想像力；

（2）培養學生閱讀童話的興趣；

（3）培養學生對童話故事的感受和想法。

2.3 童話教學的策略

童話幫助兒童學習母語的作用已得到越來越多學者的重視（Hurt & Callahan，2013；McKenna，2003）。Hurt 和 Callahan（2013）認為可用童話作深層次教學，從不同角度深入思考故事內容和人物心理，引發學生的興趣。McKenna（2003）則指出童話教學可讓學生從閱讀中學習改寫和創作故事。這些研究較重視學生對故事的深層想法和培養學生的創作能力。

傳統的中文科教學強調由下而上的閱讀（Bottom-up reading），採用的是從認字、識詞開始，到句、段以至全文理解的教學策略，這未必能因應童話的特質和童話教學的目的。謝錫金、林偉業、林裕康、羅嘉怡（2005）指出香港教師最常用的教學策略是字詞、句、段、篇的解釋方法，高層次的提問如文學作品的賞析、意境、語言技巧、形象塑造的探討、閱讀策略等卻指導不多，情意方面的教學也甚少處理。廖佩莉（2014）認為教師在教授童話課時應該教出「童話味」，即配合童話特質（例如：幻想和想像、思考和感悟）施教。然而香港現時很多中文科教師在指導學生學習童話時，主要是幫助學生理解詞、句、段、篇和主旨，未能教香港很主要是幫助學生理解字詞、句段和文章主旨，未學教出「童話味」。倘若學生只是聆聽故等中的字詞和主旨、即使理解故事內容，也無法對童話產生想像和感悟。廖佩莉更指出教師很容易走進四個童話教學誤區：

誤區一：童話教學與記敘文教學目的相同

　　教師很容易將童話教學與一般記敘文教學的目的混為一談，例如在教童話時讓學生認識記敘文的「六何」[1]元素。這樣的童話教學只偏重學生對文本閱讀理解能力的訓練，側重了語文教學「工具性」[2]的目標，忽略了學生對故事的感悟。

誤區二：童話必須具有教育意義

　　雖然有些童話的內容具有教化作用，但是並非所有童話都有教訓意味。其實，童話應該給予兒童一個美好的體驗，豐富他們的想像力，增加感悟。

誤區三：教師喜歡選取篇幅較短的童話

　　由於有些原著的童話篇幅較長，於是現時教科書的故事採用簡化版，捨棄了原著中許多生動有趣的對話和故事情節。

誤區四：少讓兒童朗讀童話

　　很多教師在課堂上讓兒童高聲朗讀兒歌，因為兒歌可以琅琅上口。但是，卻較少讓兒童朗讀童話故事。其實童語中不乏有趣的情節和對話，也很值得朗讀。

　　國內有很多童話教學的論文，論述的童話教學策略也很多樣化，包括朗讀、表演（李玉華，2012；朱婷，2012；莊永洲，2012），角色扮演（曾揚明，2008）、配畫（為故事配上圖畫）（王曉娟，蔡錦珠，2010）、講故事（範華，2009）、續寫（學生根據故事的發展續寫故事）（範華，2009；張書軍，2007）和提問（（學針對 i 故事內客提出問題）（吳白西，高群，2012）等，但這些論文都是陳述作者的意見，缺乏實證研究。

1　「六何」指何時、何地、何人、何事、為何、如何。
2　「工具性」指學生運用語文的能力。

臺灣的研究顯示兒童喜愛閱讀童話（胡煉輝，2001），研究大都是集中以大量閱讀童話的策略檢視學習成效。近年王生佳，孫劍秋（2011）的研究指出，大量童話教學對學童的閱讀態度具有正面的影響。雖然這些是實證研究，但只是強調讓學生大量閱讀，至於其他詳細的教學策略則沒有論述。

有鑑於此，本研究試圖探討：（1）香港教師教童話時採用的教學策略，（2）教師在童話教學中遇到的困難，以及（3）學生對童話課的看法。通過解答這些問題的，筆者希望加強中文教師對童話教學的認識。

三、研究方法

廖佩莉（2014）指出很多中文科教師選取篇幅較短的童話作為教材，是童話教學的一個誤區。因此本研究採用篇幅較長的童話，分別是《金河王》和《頭髮樹》。為適應學生的語文程度，兩本童話都是經由兩位小五的中文科任教教師改編，但改編後的童話們保留了原著中許多重要的對話與描寫；每篇約一萬二個多字，分為四本小冊子，在一所小學進行試教。參與試教的教師借鑑廖佩莉（2014）關於童話教學誤區的看法，自行決定教學方法。

本研究的研究者以觀察者的身分實際進入自然的教學現場，觀察研究物件（學生）上課的情況和記錄教學者（教師）的教學情況。

本研究的對象為香港新界區一所小學其中四班小五學生，平均每班人數為 30 人，四班共 120 人，學生的語文水準一般。研究為期一學期。每一課堂皆有研究員以實地觀察搭配錄音、錄影的方式詳細記錄上課的情況。研究員將課堂的錄音和錄影會整理為文字建檔，根據收集的數據把教學策略分為朗讀、寫作、提問、小組討論、角色扮演等活動，然役作詳細分析。在學期結束後，分別與十二位學生，每班各抽取低、中、高程度的學生（下文以 S1、S2、S3、S4 至 S12 為代號）和四位教師（下文以 T1、T2、T3 和 T4 為代號）作個別訪談。這十二位學生由各班低、中、高程度學生組成，訪談學生的目的是探究他們對童話課的意見。教

師訪談則希望深入瞭解教師對教童話所用的策略和遇到的困難。每次面談時間約為一小時。訪談內容以錄音紀錄轉為文字建檔，然後由研究員將資料分類和進行分析。

四、研究結果

4.1 教學策略

就研究個案學校而言，教師的教法很多樣化，以下是綜合觀察所得和受訪教師的想法。

4.1.1 加強兒童幻想和想像的策略

1. 朗讀

三位受訪教師都給予學生朗讀的機會，他們運用了兩種朗讀的方式：指定式和自選式。指定式是教師根據內容的發展要求學生朗讀指定的段落；自選式則是教師請學生選擇自己想要朗讀的段落。自選式的閱讀也需要教師的引導，例如：請學生選一段最優美、最有趣或最哀傷的文字讀一讀。受訪教師指出：「我會先讀一遍，然後要求學生朗讀一遍，好讓他們在朗讀聲中學習……甚至能讓學生想像作者所表達的感情。」（T1）

這種從朗讀聲中學習的方式，除了能讓學生掌握生詞的讀音，從中學習生字難詞，更可讓學生跟隨教師的示範，讀出故事情節的起伏。

至於自選式的朗讀，有些教師則認為：「自選式的朗讀適合篇幅較長的童話，因為篇幅較短的童話能讓學生選擇的段落並不多……大多數學生在自選式朗讀的表現積極，因為他們能夠選擇自己想要朗讀的段落。」（T4）

就課堂觀察所得，自選式的朗讀能讓學生自行選讀童話的章節，更可加深他們朗讀的投入感。學生運用想像力，繪形繪聲地朗讀童話，能對故事內容有更深層的理解和體會。

2．寫作活動

　　兩位受訪教師請學生進行與童話故事相關的寫作活動，其中包括「請學生寫賀卡祝賀王后頭髮重生」和「替王后寫一封信向家人或朋友訴說近況，表達自己的苦惱」兩個寫作題目。學生在寫作活動的表現非常好，受訪老師表示：「學生早已習慣寫賀卡和寫信，向來都是以自己的身份寫作，例如：寫賀卡祝賀表兄比賽獲勝。但在童話寫作中，有了故事的情境，有助於學生投入角色，發揮想像力。」(T1)

　　借助故事中的背景、情節、人物和情境，更容易幫助學生發揮想像力，寫作內容會更豐富，這是一種有效的讀寫結合教學策略。

4.1.2 強化兒童思考和感悟的策略

1．提問

　　四位教師都常用提問的方式說明學生理解和探討故事的內容。他們所運用的提問方式可分為兩種，分別是一般閱讀理解的提問與假設性的提問。其中，一般閱讀理解的提問包含表層理解和深層理解。以下是受訪教師在進行童話教學時的提問：

　　(1)《頭髮樹》：王后最後變成了甚麼？

　　(2)《頭髮樹》：王后吃了藥後也沒有成效，國王為甚麼命裁縫師來呢？

　　(3)《頭髮樹》：根據王后的夢，夢裏小仙人的啟示是甚麼？

　　(4)《金河王》：魯勃的性格有何特點？（T2）

　　以上是一般閱讀理解的提問。其中，問題一和二是表層理解的提問，學生可直接從故事內容得到答案；問題三和四則是深層理解的提問，學生不能直接從故事內容得到答案，而是要經過歸納和思考才能回答問題。這樣的提問方式是教師在教授一般課文時也會採用的。四位受訪教師表示這些提問在童話教學中是很重要的，因為教師運用表層理解的提問瞭解學生是否能正確理解故事的內容，然後設計深層理解的提問幫助學生深入體會故事。

　　除了一般閱讀理解的提問，四位受訪教師也運用了假設性的提問。假設性的提問沒有特定的答案，鼓勵學生對童話故事的人物和情節發表自己的想法。表一是受訪教師在童話教學時運用的假設性提問：

表一：假設性的提問的類別及例子

類別	例子
代入主角	《頭髮樹》：如果你是國王，你怎樣安慰王后？ 《頭髮樹》：你是禿頭的王后，你會怎樣令自己變得漂亮？
代入配角	《金河王》：如果你是魯勃，要到神奇小島，你會有何感覺？
代入角色以外的人物	《金河王》：如果你是魯勃的好友，得知魯勃要到神奇小島，你會有何感覺？ 《金河王》：假如你是作者，你會採用打的方法來令母狼回復真身嗎？你有甚麼其他建議？
代入情節的發展（注意留白[3]的部分）	《金河王》：假如魯勃不相信母狼，故事又會如何發展？ 《頭髮樹》：為何大鳥會飛到王后的窗前？

　　上列的假設性提問雖能達到培養學生的思考力，鼓勵學生發表自己的見解。學生在思考問題時代入故事人物和情節，還能對對童話故事的情節及人物有深入的想法，說出自己的感受，加強感悟。

2. 小組討論

　　四位受訪教師均認為在童話教學中應進行小組討論，討論故事的情節（例如「魯勃應否相信母狼的話？為甚麼？」）和故事中留白的部份（例如「魯勃要如何到神奇小島？」）。教師會預先為學生準備活動單，讓學生先填寫故事中的好詞佳句，然後和小組同儕交換欣賞和討論。有兩位教師指出：

　　「小組討論能說明學生瞭解彼此對故事內容的看法。我（教師）會鼓勵學生在故事中選出好詞佳句，然後和同儕分享。這是一種很好的策

3　「留白」是指故事中沒有交代的部分。教師可運用這部分，讓兒童多加以想像（Flack,1997）。

略。有些學生本來在活動單上只是馬馬虎虎地填寫一些詞語，但是和同學分享後，覺得同學的分析合理，他們便會主動跟隨和認同同學的選擇。」(T4)

「學生在小組討論中，能聆聽別人的看法，引發自己的思考，有助於學生學習。」(T1)

教師的反饋説明小組討論能通過同儕交流，鼓勵學生多發表自己的看法，提升他們欣賞好詞佳句的能力。在討論的過程中，加強學生對童話故事的思考和感悟。

3. 角色扮演

四位受訪教師在課堂上也會和學生進行角色扮演。有些角色扮演較簡單，例如請學生模仿皇后與小鳥的對話，學生只需根據故事的對話朗讀。有些角色扮演則比較複雜，其中一位教師表示：「在指導《金河王》時，我希望在教學時帶出三位主要的人物，並希望他們(學生)瞭解故事人物的性格和待人處事的態度。所以我在教學過程不停地通過事例和提問去突出他們(故事人物)的性格，這對他們(學生)在角色扮演活動中會有幫助。」(T3)

教師和學生進行角色扮演時，也會加入戲劇元素，如「定格」[4] 和「思路追蹤」[5]。通過角色扮演，學生能設身處地，以多角度思考問題，鍛鍊思維能力，還有增加了學生參與的機會。有教師表示：「在角色扮演中加入『定格』和『思路追蹤』等戲劇元素，學生便能從人物的角度思考問題……有助他們瞭解故事人物的性格。」(T1)

這種鼓勵學生多從人物的角度思考問題的做法正是培養學生感悟能力的方法。劉素菊 (2013) 曾指出教師在進行童話教學常在學生沒有

4　「定格」原理就像拍照一樣，劇中所有參與者將自己的表情和動作「凝住」，他們用肢體表現故事中的一個靜止畫面，成為一個「定格」。而其他學生就可以仔細分析表演者正在發生什麼事、人物間有什麼關係，又或者憑他們的面部表情來推敲其內心感受。

5　「思路追蹤」則是表演者説出扮演角色的心路歷程。

充份瞭解文本的情況下，就急於讓學生進行角色扮演。但如果在角色扮演中加入「定格」和「思路追蹤」等戲劇元素，學生就能深層思考文本，角色扮演也不流於形式化。

4.1.3 引起童趣和愉悅的策略

四位受訪教師均認為有趣的童話故事是引起學生興趣的主要原因，所以童話的選材是很重要的。趣味性的教材能讓學生更愉悅地學習，而有趣的教學活動也能提高學生學習的樂趣。有兩位受訪教師要求學生在閱讀童話後，根據故事內容設計封面。受訪教師很認同這種教學策略，他們認為設計封面活動能加深學生對故事內容的理解，增加閱讀故事的趣味性。其中一位教師表示：「他們（學生）要先理解故事內容才能用圖畫設計封面，用圖畫代替文字。學生樂於設計，他們的創意無限，圖畫很有趣。」(T2)

就觀察所得，學生在課堂上與老師及同學分享自己的設計，教師引導學生一同評論同學的設計，增加學生對故事主題的認識，讓學生輕鬆愉快地學習。有一位教師則注重評論學生的設計與故事主題和書名的關係，主張訓練學生對故事重點的取捨和對主題的掌握。

4.2 困難

雖然上文提出了多元化的童話教學策略，但有教師指出他們面對不少困難，其中包含難以選材、授課時間不足、小組討論公式化、缺乏進展性評估紀錄。

4.2.1 難以選材

現時香港童話教學的教材主要來自不同出版社出版的教科書。這些教科書所選的童話是經過改寫的，捨棄了原著中許多生動的內容，所以篇幅較短。為了改善目前小學語文教科書中「短小輕薄」的不良現狀（姚穎，許曉芝，2011），參與本研究的教師採用的是自行改編的童話。但事實上，教師們難以尋找適合的童話讓學生閱讀。有受訪教師認為：

「若我們（教師）選擇一本由原著直接翻譯（未經刪減）的童話作教材，實在是不可能的，因為任教時間有限。若教科書內的童話篇幅較短，內容平鋪直敘，缺乏趣味。幸好今次童話的選材得到……的協助，否則真是不知該如何選材。」(T4)

這位教師指出了一個重要的問題：課堂教時有限，選材的篇幅未必合適，教師不知該如何選材。因此，各大專院校，教育局和教師資源中心應考慮設立網上童話教材庫，收藏翻譯和改寫的童話，並設立討論區，方便教師選材和交流。

4.2.2 授課時間不足

本研究用了十二堂課的時間（每堂四十分鐘）教授兩篇童話故事，但教師認為和學生進行活動的時間是不足夠的。為了要完成預先設計的活動，教師只可以蜻蜓點水式完成所有活動。進行活動時學生的反應熱烈，但卻缺乏師生的深入討論。以下是受訪教師的舉例：

「我（教師）花了很多時間討論封面設計，因為我（教師）不想隨意帶過，我想讓學生知道封面可以帶出故事主要的內容和訊息。通過這項活動，也能訓練學生對整體故事的理解能力。」(T3)

「全班朗讀故事是不錯的，但我（教師）卻沒有時間指導個別學生朗讀。」(T2)

「其實他們（學生）喜歡角色扮演，但是每一個小組成員的磨合是需要時間的，例如要他們選擇角色的時候頗花時間，他們在分組後討論和排演所花的時間也較多。」(T1)

現時大部分教師設計的教學活動都是比較零碎的，缺乏聯繫性。為了充分運用教學時間，教師在設計活動時應多留意活動與活動之間的聯繫。進行童話教學時，教師可選擇故事中的主要部分進行朗讀和角色扮演活動，如果這兩個活動所使用的篇章段落是相同的，那麼教師便可和學生進行更深入的討論。教師對學生朗讀的節奏和語調的要求也可應用角色扮演。教師還可以讓學生在角色扮演後，進行寫作活動，寫下自己對角色的感受。這種環環相扣的教學活動更能讓教師有效地運用教時。

4.2.3 小組討論的公式化

　　雖然所有四位受訪教師贊成在童話故教學中進行小組討論，但有教師表示：

　　「小組討論很公式化，若只是注重討論故事情節和在故事中選出好詞佳句，學生一旦習慣了，他們的學習興趣便會遞減。」(T3)

　　針對如何活化小組討論，教師可採用文學圈（Literature circles）（Daniels，2002; Schlick Noe & Johnson，1999; Short & Pierce，1990）的形式來進行童話閱讀。文學圈是一個協同探究和閱讀的團體。每人選擇讀物之後，先獨立閱讀，再分享個人對文本的感受。教師先讓學生發表個人意見，然後擴大討論的內容，以開放的形式討論作者的寫作動機、故事發展的可能性、讀後感等。這有助於增進朋輩間的分享和交流，並能訓練說話、閱讀及合作等技巧，甚至提升鑒賞文學的能力。

4.2.4 缺乏形成性評估紀錄

　　一些教師表示這次童話教學着重於「說話」的訓練，例如：朗讀、小組討論和角色扮演，學生缺乏對學習歷程的文字記錄。其中一位教師表示：「記錄是可以由學生做的，放手讓他們去學習。現在沒有留下檔案，就比較浪費。」(T4)

　　因此，教師可讓學生組織學習檔案，記錄學習過程，將相關活動單、閱讀記錄、寫作反思等活動材料放入學習檔案中。

4.3 學生的看法

4.3.1 喜歡童話課

　　四分之三的受訪學生表示喜歡童話課，他們將童話課與一般中文課作比較（見表二）：

表二：一般中文課和童話課的比較

中文課	一般中文課	童話課
篇幅	課文篇幅較短	童話篇幅較長

內容	內容不太有趣	內容很有趣
參與度	教師說話較多	有機會多說話和參與
學習興趣	一般	較喜歡

　　其中的「童話內容很有趣」和「有機會多說話和參與活動」是學生喜歡童話課的主要原因。此外，也有學生表示從實用的角度出發，認為他們可以通過童話學習更多中文字。有位學生表示：「童話篇幅較長，可以多學一點中文字。」(S12) 由此可見，學生願意閱讀篇幅較長的文章，因此教師在選擇教材時不應過於擔心學生無法接受篇幅較長的文章。

4.3.2 投入課堂

　　四分之三的受訪學生表示他們很認真也很投入地學習，因為教師在教學時的投入感染了他們。

　　「我覺得老師講得很生動……老師清楚地朗讀故事，我很希望能夠像她那樣朗讀。」(S3)

　　「老師叫我閉上眼睛的時候，我真的能夠想像眼前有一堆沙，有一丈寬的瀑布流出來……哇！還有一條變成金色的河。」(S4)

　　教師本身必須先投入童話世界，才能讓學生置身在童話中，盡情地發揮他們的想像力。此外，教師設計的教學活動也是增加學生學習投入感的重要一環。有學生指出最讓他們投入的活動就是角色扮演和小組討論：

　　「小組討論很有用。如果只是自己看書，不如回家看更好吧！」(S1)

　　「角色扮演的部分，我可以把自己融入角色，從而更瞭解角色的性格。」(S8)

　　由此可見角色扮演和小組討論是童話教學的重要活動，學生認為這兩項活動比個人閱讀更得益。

4.3.3 學生的建議

　　有學生建議在中文科多加入童話課，並加入話劇演出。其中一位學生指出：「童話課很有趣，中文課應多加入童話故事……讀《頭髮樹》的

時候，老師和我們進行角色扮演，我扮演綠鳥，當我罵王后時，我好像變成了綠鳥，整個人投入到角色中。我認為老師或許可進一步要求我們演話劇呢⋯⋯我很想與老師一起演話劇，或是和一組人一起演一齣話劇，讓其他同學欣賞。」(S3)

高年級的學生具備將童話故事用話劇演繹出來的能力，只是所需的課堂時間較多。教師可就課堂所教的童話，舉辦班際童話話劇比賽，作為課後延伸活動，鞏固學生所學的知識，加深學生對童話閱讀的興趣。

五、結語

童話教學是很重要的，它能為兒童播下閱讀的種子，在他們成長的道路上添加色彩。當他們長大成人後，這種根植於童話「向善、厭惡」的意識，充滿了想像和夢想的童心，能為他們的人生路上增添生氣。

本研究發現教師在童話教學中運用了多樣化的教學策略，包含朗讀、寫作活動、提問、小組討論、角色扮演、封面設計，這與國內論文（李玉華，2012；吳白西，高群，2012；曾揚明，2008；張書軍，2007；朱婷，2012；莊永洲，2012）提及的策略相若。本研究更進一步說明這些教學策略與童話的特質之間的關係，例如朗讀活動可讓學生想像作者所表達的感情，寫作活動能讓學生發揮想像力；一般閱讀理解的提問與假設性的提問、小組討論、加入「定格」和「思路追蹤」等戲劇元素的角色扮演，都能讓學生從不同的角度思考問題，培養學生的感悟，這些都非常符合童話教學的目的。

本研究亦揭示了教師在童話教學的過程中遇到的難題題，主要是童話選材困難和教學時間不足。因此，各大專院校、教育局和教師資源中心應考慮設立網上童話教材庫，並設立討論區，方便教師選材和交流。教師也應多留意各教學活動之間的聯繫性，更有效運用教時。

本研究屬個案研究，採用質化的研究方式，研究是有限制，所得資料未能推論全港小學，但本研究可為教師提供借鑒，具參考價值。本研究屬於初探，只是探討童話教學的策略，至於如何優化童話教學仍需進

一步探討。未來童話研究可包括兩個方向：一是行動研究，針對教師在童話教學中遇到的難題提出解決方法，研究課題可包括「學習檔案和童話教學」、「文學圈在童話教學的成效」等。二是進行童話教材的分析，例如分析有哪些故事適合改編為教材。

參考文獻

陳笑（2010）小學語文教學中童話教學的作用，《學生之友（小學版）》，6，56-57。

陳正治（1990）《童話寫作研究》，臺北：五南圖書出版股份有限公司。

范華（2009）談小學童話教學策略，《中學英語之友（高一版）》，3，49-50。

胡煉輝（2001）《教孩子輕鬆閱讀》，臺北：財團法人國語日報社。

柯華葳（2009）《教出閱讀力2：培養Super小讀者》，臺北：天下雜誌股份有限公司。

香港課程發展議會（2008）《小學中國語文建議學習重點》，香港：香港印務局。

李萍（2010）童話與小學語文教學，《魅力中國》，13，131。

李玉華（2012）小學語文童話教學的實踐與探索，《學生之友（小學版）》，24，12。

廖佩莉（2014）小學中國語文童話教學的誤區和建議，《中國語文通訊》，93(2)，103-116。

林滿秋（2000）《孩子一生的閱讀計劃(21世紀版)》，臺北：天衛文化圖書有限公司。

林文寶（1987）《兒童文學故事體寫作論》，高雄：複文圖書出版社。

劉素菊（2013）對小學語文童話教學的兩點反思，《學週刊》，9B，139。

沙永玲、麥奇美、麥倩宜譯（2015）《朗讀手冊：大聲為孩子讀書吧！》，臺北：天衛文化圖書有限公司（Trelease, J. ，2002）。

王黎（2011）人文觀下童話教學的思索，《教育研究與評論（小學教育教學)》，1，43-46。

王生佳、孫劍秋（2010）閱讀教學策略對閱讀態度與能力影響之研究 —— 以智慧國民小學三年級閱讀童話為例，載江惜美、洪月女、孫劍秋、鄭圓鈴、劉瑩等著《閱讀評量與寫字教學》，頁1-19，臺北：五南圖書出版股份有限公司。

王曉娟、蔡錦珠（2012）用童心、塑童真，激童趣 —— 例談提高小學童話教學有效性的方法和策略，《教師》，14，76。

王志鵬 (2005) 作文從童話故事開始,《文教資料》,16,70。

謝錫金、林偉業、林裕康、羅嘉怡 (2005)《兒童閱讀能力進展:香港與國際比較》,香港:香港大學出版社。

姚穎、許曉芝 (2011) 三十年小學語文童話教學研究述論,《教育學報》,7(5),85-91。

吳白西、高群 (2012) 大班童話故事教學的有效提問,《海峽科學》,69,92-93。

曾揚明 (2008) 低年級童話教學策略,《小學教學設計》,7,4-6。

張書軍 (2007) 童話教學的現狀與對策,《語文教學通訊》,11b,28。

中華人民共和國教育部 (2002)《全日制義務教育語文課程標準》,北京:北京師範大學出版社。

周素萍 (2012) 童話課堂「童話」了嗎?《考試周刊》,78,14。

朱婷 (2012) 小學第二學段童話教學例談,《江西教育》,30,44。

莊永洲 (2012) 童話教學的五組關鍵字,《小學教學研究》,12,16-17。

Daniels, H. (2002). *Literature Circles: Voice and Choice in Book Clubs and Reading Groups.* Maine: Stenhouse Publishers.

Flack, Jerry. (1997), From the Land of Enchantment, Creative Teaching with Fairy Tales, Englewood, Colorado, Teacher Ideas Press.

Hurt, A. C., & Callahan, J. L. (2013). A fractured fable: The Three Little Pigs and using multiple paradigms. *New Horizons in Adult Education & Human Resources Development,* 25 (3), 27-40.

McKenna, B. J. (2001). Using fairy tales to generate high interest in short fiction. *Eureka Studies in Teaching Short Fiction,* 2 (1), 44-49.

Schlick Noe, K. L. & Johnson, N. J. (1999). *Getting Started With Literature Circles.* Norwood, MA: Christopher-Gordon Publishers, Inc.

Short, K., and Pierce, K. M. (1990). *Talking About Books: Creating Literate Communities.* Portsmouth: Heinemann.

Trelease, J. (2002)《朗讀手冊:大聲為孩子讀書吧!》(沙永玲、麥奇美、麥倩宜譯),臺北:天衛文化圖書。

(轉載自廖佩莉 (2016):香港中文科童話教學個案研究,《華文學刊》,14(1),67-80。)

浸入式教學的個案研究：
小學非華語學童以第二語言學習中文

一、前言

　　香港是一個國際大都會，居住在香港的南亞裔人也不少，無論是暫居或定居香港，他們的子女都需要學習中文，以適應香港的生活。現時香港南亞裔非華語學生有巴基斯坦人、菲律賓人、尼泊爾人、印度人，還有泰國人、越南人和印尼人等。非華語學生的民族文化、生活習慣、家庭教育，與香港學生不同，他們最大面對的難題是語言不通，他們要跨越多重障礙才可運用中文進行聽、說、讀、寫日常生活的交際活動。學校的中文課是幫助他們學習中文的好機會。中文科教師要運用多種教學方法，引起他們對學習中文的興趣。有了興趣，他們便能樂於學習中文。本研究旨在分享兩位教師試行「浸入式」教學策略的經驗，探討他們運用「浸入式」教學策略對學生學習中文的成效。同時也希望瞭解教師和非華語學生對「浸入式」教學的看法。本研究希望供任教小學非華語學童學習中文為第二語言的教師作參考，啟發中文科教師對這課題的思考。

二、文獻探討

2.1「浸入式」教學的理念與社會化語言習得論

　　一般來說，要學習第二語言，是要靠仲介語（本文是指英文）的轉譯。例如菲律賓人學中文，他們要利用英文作仲介語，轉譯後才能理解中文的字詞。但「浸入式」（immersion）教學是指教師沒有運用仲介語來幫助學生學習。「浸入式」，又稱為沉浸式。根據強海燕，趙琳（2001）

的解説，「浸入式」的教學是指「直接學習，類似習得」。「直接學習」即是學習不用母語做仲介；「類似習得」是指用類似習得母語方式來讓兒童學習第二語言，即是用第二語言作為直接教學用語的一種教學模式。趙微（2001）認為要有足夠的第二語言資訊的輸入，而輸入的過程要直觀化、情境化、形象化、活動化，才能提升兒童學習第二語言的趣味性和理解性，那麼學生是不需要用仲介語來學習的。

根據分析，「浸入式」的理念是源自加拿大魁北克省第二語言教學（關之瑛，2008）。第二語言是指人們獲得第一語言（人出生後首先接觸及獲得的語言）後再學習和使用的另一種語言（劉珣，2002）。當地人的母語是法語，但當地卻有很多英裔加拿大人居住，他為們必須學好法語，才有機會在當地謀生。由於法語被視為在當地謀生的一項工具，家長都很緊張他們子女學習法語，蒙特利爾的聖‧蘭伯特（St. Lambert）學區的家長便聯合起來，要求母語是英語的兒童全部用法語學習，希望能提升兒童學習法語的能力。兒童被浸泡在第二語言環境中，教師純以第二語言面對學生，只用第二語言組織各項學習活動，從而希望他們學好法語。他們提出的，名為「浸入式」教學模式。換言之，「浸入式」教學是用第二語言作為教學語言的教學模式。

其實「浸入式」教學與社會化語言論是有關係的。維谷斯基（Vygotsky）強調語言的學習是社會化或文化的行為，兒童在社交中的語言接觸是語言發展的必要條件，兒童必須和其他人互相交流，否則便無法發展語言（張春興，1997）。維谷斯基認為兒童學習語言，必須有和其他人互相交流的機會，社交中的語言接觸是語言發展的必要條件，假如沒有社交，語言便無法發展。所以語言的學習主要有賴於浸淫在一個語言環境中，不斷地與別人溝通。因此，教師應以學生為本，營造良好的學習情境，透過師生的互動與交互作用，鼓勵學生提出不同的意見和想法，學生之間或師生間展開交流和討論，激發學生主動、積極地參與學習的活動，並能自發性地探索和建構語言知識（桂詩春，1985）。而「浸入式」教學特別強調用第二語言作為直接教學用語的一種教學模式。

無論教師和學生交流，學生和學生之間互動的過程都是運用第二語言。學生必須以第二語言作溝通，加上教師佈置四周環境也是以第二語言為主，學生便能在不知不覺中學習第二語言。教師運用類似習得母語方式來讓兒童學習第二語言，目的是讓他們沉浸在第二語言學習的環境中，在社交中多接觸，學習和運用第二語言。

2.2「浸入式」教學的策略

在美國，針對少數民族兒童，Garcia（1980）提出了兩種不同取向的語言教育方案：一是浸入方案（immersion programs），在正式教育課程中，只使用兒童的第二語言，即浸入式教學；二是非浸入方案（non-immersion programs），在課程中使用兒童的母語和第二語言。臺灣的黃瑞琴（2008）指出這兩方案對兒童運用語言和認知發展的成效，尚待進一步的研究。

究竟浸入式教學有甚麼特點呢？浸入式教學是學習第二語言的模式，教師要將學生浸淫在如母語般情境中學習（葉德明，2002），不須用仲介語。強海燕，趙琳（2001，頁72）認為「浸入式」教學包括：兒童以下意識吸收為主，充分利用內隱學習和外顯學習的機制；忽略語法規則的順序排列，為後期語法學習提供了基礎；兒童關注的是有趣的內容和交流，提高了實際的語用能力；兒童在輕鬆愉快學習中，消除畏難的情緒；較自然地達到了第二語言教學中從知到行的轉變。強海燕，趙琳（2001）提供了一些「浸入式」教學原則性的依據。廖佩莉（2012）根據這些原則，進一步從學校環境的佈置、教學的設計、教師語言的運用和教學的評估各方面，擴闊了「浸入式」的理念，提出一些多樣化「浸入式」教學策略的建議，以下是一些摘要：

1. 從「小環境，大氣候」中學習，營造語言學習環境

教師必須以第二語言（中文）和學生溝通，將語言學習和認知過程緊密相連，突出第二語言的工具作用。例如教師在日常學校和課室環境中運用中文來營造語言學習環境。

2. 善用生活化的單元，浸入實用性的學習

教師應多設計與生活有關的單元，特別強調其實用性和應用性。

3. 多樣化活動：浸入遊戲的學習

教師必須採取多樣化活動，學生便能從活動中學習。

4. 浸入式的閱讀：線索閱讀

教師在日常教學中浸入大量閱讀，即是給予學生很多閱讀故事的機會，鼓勵他們多閱讀。所選的圖書最好提供圖畫或重複的詞語和句式，讓學生從線索中閱讀和討論。

5. 打破單一規範的教學目的，強化互動中的隨機教學

所謂「單一規範的教學目的」是指教師通常在教學前計劃每課的教學目的，然後設計教學活動。但在教學過程中會出現一些突發性的機會，也可以幫助學生學習，這是隨機教學的好時機。教師應善用師生的互動和環境來進行隨機教學，讓非華語兒童在自然和輕鬆的情境下學習中文。例如課室突然飛來了一集蝴蝶，學生非常感興趣，於是教師隨機教授「蝴蝶」一詞的讀音和寫法，和學生說一些有關蝴蝶的故事。

6. 教師語言的妙用

「浸入式」教學是教師以學生的第二語言面對學生，只用第二語言組織各項學習活動，教師表達時應儘量避免語言的轉換或夾雜仲介詞。

7.「浸入式」的評估

「浸入式」的評估，是指學童在日常學習活動中的進展性評估，例如請學生組織學習檔案，教師對學生平日的觀察等。

三、研究目的

近年來，隨着非華語學童人數不斷增加，對「非華語學童學習中文

為第二語言」這課題的探討是必要的。上述的七項建議的策略，可惜尚未得到研究的證實。因此，本研究主要是探討一所收生以非華語學童為對象的小學，但也有少數本地學生就讀，研究員和該校的兩名教師，根據廖佩莉（2012）提出的「浸入式」教學策略作試教，研究的問題是：

（1）教師運用浸入式教學策略，非華語學童的中文科有沒有進步？

（2）教師對運用浸入式教學策略的有甚麼意見？

（3）非華語學童對中文課有甚麼意見？

本研究是從教師和非華語學童兩方面的角度，探討他們運用浸入式教學策略成效的意見。本研究期望能啟發任教非華語學童的教師的思考，為他們開拓一個新視野，教師可不必用仲介語教學，也能令學生學習中文。

四、研究對象與方法

本研究屬個案研究，研究的學校是一所香港小學，該校有很多非華語學生。研究對象是其中兩班就讀小學一年級的非華語學生和兩位任教該兩班的中文科教師，他們參與為期一學年的研究，時間是由 2013 年 9 月至 2014 年 6 月。該校共有兩班一年級學生，其中一班有 25 人，另一班人有 22 人，共 47 人，32 名學生為巴基斯坦籍，10 名為菲律賓籍，5 名為印度籍。選擇以一年級學生為研究對象是因為李丹青（2014）指出七歲左右的兒童其母語已經基本成型，同時又處於接受第二語言的最佳年齡。

本研究採用「定質的研究」（qualitative research）和「定量的研究」（quantitative research）方式。定質的研究方法包括：在學期結束後，分別與六位學生，每班各抽取低、中、高程度的學生（下文以 S1、S2、S3、S4、S5 和 S6 為代號）和任教的兩位教師（下文以 T1 和 T2 為代號）作個別訪談。訪談學生和教師的目的是探討他們對浸入式教學策略成效的意見。訪談內容全部錄音，並轉為文字建檔，然後由研究員將資料分類和進行分析。

至於「定量的研究」是學期結束後，分別派發 47 問卷給學生填寫，收回 47 份，回收率達 100%。問卷共 23 題，設計大部份採用五欄式選項。由於學生所認識的中文字有限，教師要讀出題目，學生才可以填寫問卷，收回問卷後將資料登錄電腦，並進行整理和分析。至於派發給兩位教師的問卷則較簡單，請他們填上有效的教學策略。此外，本研究也採用前測和後測方法，在試行「浸入式」教學前，給予學生前測；在試行「浸入式」教學後，再給予學生後測。前測和後測試卷的程度是相若，考核內容包括日常運用的字詞和口頭造句。

五、試行的背景

5.1 學校的背景

由於本研究的兩班小一學生，共 47 人，是同屬一所津貼小學。學校共有六級，小一至小三共有六班，每級各有兩班；小四至小六有九班，每級各有三班。近年學校大部份的學生是南亞裔，他們大多數來自菲律賓，尼泊爾，和巴基斯坦。全校學生共有 401 人，華裔學生只有 187 人，其餘 214 人皆是南亞裔的學生。非華語學生程度很參差，有的完全不懂中文字和不會說粵語，有的曾就讀香港幼稚園，中文程度較好，但只識得一些中文簡單的字詞，部分學生能說粵語，一般中文成績偏低。

5.2 試行的準備

5.2.1. 教師培訓

為了使教師明白「浸入式」的理念，參與試行學校的教師參加了兩次研究員為他們舉辦的教師培訓，一是在 2013 年 5 月舉行，內容是介紹「浸入式」理念；二是在 2013 年 7 月舉行，研究員到校和他們討論「浸入式」理念的可行性。

5.2.2. 教師設計單元

在 2013 年 8 月初，該校教師決定選用小一兩班學生進行「浸入式」教學，根據廖佩莉（2012）提出的原則，設計的單元，單元包括：學校、家庭、動物、節日、交通、社區，經研究員給予意見，及經教師修訂後，9 月便在該校正式試行，為期一年。

六、研究結果與討論

6.1 學生中文成績有進步

研究發現學生在中文科前測和後測的表現有進步。表一中顯示全班前測平均分為 30.13，後測平均分為 59.79，在統計學上，t 值是 $p<0.01$，即是學生進步的表現是非常明顯的。這說明了教師運用了「浸入式」策略有助提升學生的中文的成績。

表一：學生在前測和後測中文成績的比較

人數（N）	前測平均分	後測平均分	t
47	30.13	59.79	3.193**

**$p<0.01$

值得注意的是，其中學生在識讀字詞方面能力是有極大的進步。在前測中，只有三成多學生（16 位學生，34%）在十個日常用字詞中，只能讀出多於五個，但在後測中，八成學生（38 位學生，80%）能讀出多於五個常用字詞。但學生在口頭造句方面，進步是較小的。在前測中，只有約兩成學生能口頭句；在後測中，也有約三成學生能口頭造句。

6.2 教師意見

表二是教師依次序排列最有效的浸入式教學策略。兩位受訪教師認為首三個最有效的浸入式教學策略是：「善用生活化的單元，浸入實用性的學習」、「教師語言的妙用」、「浸入式的閱讀」，對學生的學習很

有幫助。教師認為較沒成效的策略是:「打破單一規範的教學目的,強化互動中的隨機教學」和「營造第一語言學習環境」。

表二:教師對策略成效的意見

浸入式教學策略	教師一 (T1)	教師二 (T2)
營造第一語言學習環境	6	6
善用生活化的單元,浸入實用性的學習	1	2
多樣化活動:浸入遊戲的學習	5	4
浸入式的閱讀:線索閱讀	3	3
打破單一規範的教學目的,強化互動中的隨機教學	7	7
教師語言的妙用	2	1
「浸入式」的評估	4	5

(註:教師要跟據上列的專案,依次排列最有效的策略,1 是最有效……7 最無效)

以下是從受訪教師所得的資料,歸納所得的結果:

6.2.1 實用單元能幫助學生學習中文,應付生活

兩位受訪教師都認為生活化的單元最能幫助非華語學生學習中文。所謂實用單元是指與生活相關的課題,例如有家庭、動物、節日、交通、社區等,其中有教師舉例:

> 他們(非華語學生)最喜歡「交通」這個單元,他們認識了很多港鐵站的名稱,各類型的交通工具,有助他們多認識香港。他們在上學和放學後乘搭交通工具,也會特別留意這些字詞……他們現在大都能認出和讀出這些字詞。(T2)

學生能認出和讀出這些字詞的原因是他們覺得單元的課題很實用,學生學到的字詞,在日常生活中能應用出來,可以能幫助他們應付生活,他們更可從周遭的環境,鞏固所學。受訪教師特別推薦「社區」這

單元，因為教師可說明學生認識一些實用的字詞，例如街道牌，店鋪名稱等，非華語學生是學得特別快和有效率的。

6.2.2 教師語言的妙用，有助學生用粵語與人溝通，加強他們的聆聽和說粵語的能力。

兩位受訪教師均表示他們在整個學年也堅持用粵語上課，不用英文作仲介語，這做法很明顯幫助學生學會聽和講粵語的能力。其中有教師說：

> 最初我（教師）和學生是不習慣不用英文作仲介語，但我很堅持用粵語作解說，當他們（非華語學生）聆聽不明白的時候，我（教師）會用表情、動作、身體語言，甚至是畫圖說明幫助他們（非華語學生）理解。事實證明，假以時日，他們（非華語學生）習慣了，到了學期末，他們明顯地能與教師用粵語溝通。雖然他們說得不甚準確，但也願意說（粵語），聆聽（粵語）也沒有問題呢！（T1）

教師堅持在課堂上用粵語和學生溝通，是希望他們能適應香港社會所用的語言，雖然在實行的初期，學生是有困難的，但後來學生聽和說粵語的能力有明顯改善。本研究發現與學期結束時所做的學生問卷的結果相若，學生喜歡老師和他們用粵語交談（見表三，題 11，平均值是 4.37），較學生喜歡老師和他們用英文交談（見表三，題 6，平均值只是 3.89）的人數為多。

6.2.3 線索閱讀能增加學生的成功感

兩位受訪教師也認為線索閱讀可增加學生學習中文的成功感，本研究採用的閱讀材料，大多是用了重複的字詞和句式，使學生容易記得。有教師舉例說明在「動物」單元中，教學目的是要求學認識一些動物的名稱和擬聲詞。學生可以從圖片中推測文中的動物的名字，聲音和動作。這種線索閱讀，能幫助非華語學生從愉快地閱讀中學習，消除他們

怕閱讀中文的心態。有教師表示：

> 他們（學生）從線索閱讀所得的成功感是來自兩方面，一
> 是他們能從圖畫和文句推測故事的發展；二是我們（教師）會
> 為學生特別編寫一些閱讀理解練習，幫助他們（學生）在線索
> 閱讀中不知不學中學到字詞和句式……但我覺得只是靠線索閱
> 讀是不足夠，必須設計一些練習鞏固所學。（T2）

兩位受訪教師更極力推薦將他們學到的字詞和句式，重新編寫一篇
簡易的短文（見附錄），讓學生作為閱讀理解練習，附錄短文中的字詞，
是學生從之前線索閱讀中認識的，他們較容易閱讀，從而增加他們閱讀
中文的成功感。兩位受訪教師表示一向以來，他們也不會給小一學生做
閱讀理解練習，原因是他們沒有能力應付，但這次試行的效果很好，附
錄共有三題題目，有接近五成的學生（47.9%）能答對兩條，這是教師喜
出望外的學習成果。

6.2.4 浸入式教學策略的限制

在問卷中，兩位教師認為較沒有效的策略包括：「隨機教學」和「營
造第一語言學習環境」。教師未能打破單一規範的教學目的，在師生互
動中進行隨機教學，有教師指出：

> 隨機教學是即興的，但我們編訂的進度表是很緊密的，教
> 學時間有限，所以進行隨機教學並不多，我（教師）認為收效
> 不大……可能是未能充分掌握隨機教學的理念。（T2）

這位教師正好說明對隨機教學的難處，大家對此認識並不多，加
上課程緊迫，未能放膽嘗試，因而影響成效。至於營造語言學習環境也
有不少限制，未能達到預期的效果。就研究員所見，課室雖然貼滿了用
中文寫的通告、天氣報告、課室秩序的標語等，但是在課堂上，教師
較少和學生討論陳列的環境文字，漸漸地學生便習以為常，不以為意。
再者，雖然教師堅持用粵語上課，學校環境也多用中文，但基於文化差

異，教師是有困難的。有教師解釋：

> 非華語學童常告假不上課……他們的家長認為上學並不重要……非華語學童的家長常因家中有事而不讓子女回校上課，他們在家的時間較多，常用家鄉語和家人交談。加上家中也不收看香港的電視台，他們在家中很難有機會學習中文……雖然我們（教師）在課室盡量用中文營造第一語言學習環境，但是收效也不大。(T1)

6.3 學生的意見

6.3.1 學生都喜歡浸入式教學策略，他們最喜愛實用的單元、從遊戲中學中文和組織學習檔案。

表三顯示了學生喜歡的課堂活動，大多數學生都喜歡浸入式教學策略，除了「中文考試」（平均值為 3.05）、「默書」（平均值為 3.19）、「老師和我用英文交談」外（平均值為 3.89），其他的都是浸入式的教學策略，平均值都是超過 4。這正好表示學生是喜歡教師運用浸入式教學策略。

表三：學生喜歡的課堂

項目	平均	均方差
1. 教室內貼滿中文字壁布	4.07	0.98
2. 教室內放滿中文的圖畫書	4.23	0.78
3. 閱讀中文的圖畫書	4.31	0.70
4. 實用的單元	4.72	0.85
5. 從遊戲中學習中文	4.41	0.90
6. 老師和我用英文交談	3.89	0.94
7. 老師用中文上課	4.14	0.93
8. 中文考試	3.05	1.16
9. 中文默書	3.19	1.08
10. 學習檔案	4.36	0.73

項目	平均	均方差
11. 老師和我用粵語交談	4.37	0.75

(註：1 代表非常不喜歡，2 代表不喜歡，3 代表無意見，4 代表喜歡，5 代表非常喜歡)

表三顯示學生最喜歡實用的單元（平均值 4.72），其次是從遊戲中學中文（平均值 4.41）和建立學習檔案（平均值 4.36）。下列是受訪學生的解說：

> 我乘港鐵回家，看見列車門上的指示牌，我能讀出很多站的名稱，例如將軍澳、寶琳、調景調……我學過這些詞語呢！(S5)
> 在中文課，我很喜歡老師和我們進行比賽，誰較快讀出中文詞語的一組，便有獎賞。(S2)

值得注意是，學生較不喜歡中文考試（見表三，題 8，平均值 3.05）和默書（題 9，平均值 3.19），但較喜歡組織學習檔案（題 10，平均 4.36）。可見非華語學生是很怕寫中文字。一般的傳統評估，例如默書和測考都是他們的弱項，他們是較不喜歡的。但是要他們組織學習檔案，他們是很樂意的，有受訪學生說：

> 老師要我們搜集很多用中文寫的零食名稱和罐頭招紙，然後跟老師的指示分類，放在學習檔案，然後，老師教我認識和朗讀招紙上的詞語，並在檔案寫上（相關的）中文字。(S4)

這位學生中文默書的分數是很低的，但他對搜集招紙很有興趣，所以他的學習檔案內容很豐富，能獲取高分。學生喜歡組織學習檔案，是因為他們對收集的資料感到有趣。若檔案只是收集學生的工作紙和抄書的樣本，學生是不會喜歡的。學生是否喜歡組織學習檔案，則要視乎教師怎樣要求學生建立學習檔案，收集的資料是否合乎學生的興趣。

6.2.2 大部分學生有信心聆聽粵語和能夠用粵語說話，他們亦有信心閱讀校內環境中佈置的中文字，但學生對寫中文仍欠信心。

表四顯示了學生對學習中文的信心。他們最有信心聆聽粵語（見表

四，題 5，平均值 4.58），說粵語（題 6，平均值 4.15）。他們閱讀中文的信心也不錯，例如閱讀中文的壁布板（見表四，題 1，平均值 4.14）、閱讀課室設置的中文字（題 2，平均值 4.03）、閱讀教師給我的篇章（題 4，平均值 4.24），但應付中文默書的信心（題 4，平均值 3.44）和閱讀中文圖畫書則較小（題 8，平均值 3.44）。學生最沒信心的是寫中文（題 9，平均值 3.09）。

表四：學生對學習中文的信心

項目	平均	均方差
1. 閱讀中文壁佈板	4.14	0.93
2. 閱讀課室設置的中文字	4.03	0.87
3. 閱讀中文圖畫書	3.44	1.01
4. 閱讀教師給我的篇章	4.24	0.85
5. 聆聽粵語	4.58	0.67
6. 説粵語	4.15	0.84
7. 應付中文考試	3.97	0.91
8. 應付中文默書	3.44	1.01
9. 能寫中文	3.09	1.17
10. 組織學習檔案	4.13	0.89

（註：1 代表非常沒信心，2 代表沒信心，3 代表無意見，4 代表有信心，5 代表非常有信心）

其中一位受訪學生表示：

　　我有信心閱讀教師給我的篇章，原因是文中大部分的字詞是我認識的。但是在圖書館找到的書，很多文字我也不懂，我只好看圖畫。（S1）

教師給學生閱讀的篇章，是教師從學生在線索閱讀習得的詞語，重新創作一篇短文，學生自然有能力閱讀，閱讀信心增加不少。

所有受訪學生均認為他們沒信心寫好中文，其中一位說：

　　中文字筆劃多，很複雜，很難記得……老師給我們寫字的時間並不多。(S5)

　　這次浸入式教學的研究偏重聆聽、説話和閱讀能力的訓練，較忽略了培養學生書寫中文的能力。若教師下次進行浸入式教學，必須考慮多給學生有寫中文的機會。

七、結論

　　本研究根據「浸入式」教學策略，從學校環境的佈置、教學的設計、教師語言的運用和教學的評估等，試行「浸入式」的理念。從學習的角度而言，「浸入式」教學能助學生學習，他們中文成績是有進步的。這發現與近年彭建玲、彭志鈞 (2015) 的研究所得，都證明「浸入式」教學模式在對外漢語教學取得良好效果相近。從教師的角度而言，試行的效果不錯，「浸入式」教學策略，適合小一的學生，實用的單元能幫助學生學習中文，應付生活。本研究又發現教師語言的妙用，有助學生用粵語與人溝通，加強他們的聆聽和説粵語的能力。學生閱讀中文的能力也不錯，尤其是教師因應學生的能力和學生從線索閱讀中所學過的字詞，設計一些短文給他們閱讀，學生便能理解文中的大意。從非華語學生的角度而言，他們喜歡教師運用「浸入式」的教學策略。大部份學生對學習中文是有信心的，但在寫中文的信心仍有所不足，這正好反映這次試行「浸入式」教學策略的不足之處，是較忽略培養學生寫中文的能力。

　　本研究也有其限制，研究象只是 47 位非華語學生和 2 位任教的教師，屬於個案研究，只能代表一所學校的研究結果，證明浸入式教學策略適合小一的非華語學生學習。隨着非華語學生長大，他們應該要認識更多艱深的字詞，詞意也較抽象和複雜，他們更要懂得寫中文，甚至運用中文來表達自己思想。教師純粹用浸入式的教學策略來教授非華語學生是否足夠呢？未來的研究希望能擴大研究樣本至高小階段，探討浸入式教學策略是否適合小學高年級的非華語學生。

參考資料

李丹青 (2014)。〈美國明尼蘇達州光明漢語學校沉浸式教學項目評述〉。《國際漢語教學研究》，3 期，72-77。

香港課程發展議會 (2008)。《中國語文課程補充指引 (非華語學生)》。香港：政府物流服務署。

桂詩春 (1985)。《心理語言學》。上海：上海外語教育。

張春興 (1997)。《教育心理學》。臺北：臺灣華東書局。

彭建玲，彭志鈞 (2015)。〈浸入式教學模式的實踐研究 —— 以昆明理工大學教育以例〉。《雲南民族大學學報》，3 期 32 卷，156-160。

趙微 (2001)。〈英語浸入式教學的基本原則〉。載強海燕，趙琳 (合編)，《中外第二語言浸入式教學研究》(頁 80 至 88)。西安：西安交通大學出版社。

強海燕，趙琳 (2001)。〈兒童早期第二語言浸入式教學與課程建構〉，載趙琳，強海燕編《中外第二語言浸入式教學研究》，頁 69 至 79，西安：西安交通大學出版社。

黃瑞琴 (2008)。《幼兒的語文經驗》。臺北：五南圖書出版公司。

劉珣 (2002)。《漢語作為第二語言教學簡論》。北京：北京語言文化大學出版社。

葉德明 (2002)。《雙語教學之理論與實踐》。臺北：師大書苑。

廖佩莉 (2012)。〈「浸入式」教學：香港小學非華語學童學習中文為第二語言的策略〉。《華文學刊》，10 期 2 卷，76-85。

關之瑛 (2008)。〈香港非華語學童學中文校本課程之行動研究〉，《華語文教學研究》，5 期 2 卷，121-156。

Garcia, E.(1980)．Bilingualism in early childhood, Young Children,35(4)，52-66.

附錄

閱讀練習

細閱下文，然後回答下列問題：

今天早上，小鳥吱吱叫，小蜜蜂嗡嗡叫，小羊咩咩叫，
小貓咪咪叫，小狗汪汪叫。
小烏龜爬來爬去，小白兔跳來跳去。
原來貓頭鷹來了。

1. 今天早上，誰在嗡嗡叫？

    小羊   B. 小鳥   C. 小蜜蜂   D. 小烏龜

                                        答案：( )

2.   今天早上，誰來了？

    A. 小狗   B. 貓頭鷹   C. 小烏龜   D. 小蜜蜂

                                        答案：( )

3. 填充

    小狗 ( ) ( ) 叫。

    ( ) ( ) 咪咪叫。

    小烏龜 ( ) 來 ( ) 去，( ) ( ) ( ) 跳來跳去。

（轉載自廖佩莉（2016）：浸入式教學的個案研究：小學非華語學童以第二語言學習中文，《香港教師中心學報》，15，137-154。）

第三章
美妙的回饋

適當的回饋能鼓勵學生，讓學生帶上光環。具質素的回饋建基於教師和學生雙向的溝通，雙方猶如打乒乓球，在互動中教師給予學生提示和方向，幫助學生建立成功感。

香港中國語文教師對於給予學生「回饋」的認識與實施現況之研究

壹、前言

時代不斷改變，課程、教學和評估也在不斷發展和改進。傳統以紙筆測考的評估模式須作出改變，才能配合社會的發展和教改的要求。近年香港課程發展議會的文件，強調「促進學習的評估」（Assessment for learning）。「促進學習的評估」是結合教學與評估，以促進學生學習。教師在學與教過程中，找出和診斷學生在學習上遇到的困難，進而改善和幫助他們的學習（香港課程發展議會，2002）。可惜有研究指出不足三成教師（26.3%）認為能實踐「促進學習的評估」的理念（廖佩莉，2007）。要實踐「促進學習的評估」的理念，Black 與 William（1998a）提議其中一種常用的方法是教師在日常教學上多注意給予學生回饋。課程發展議會與香港考試及評核局（2007）更指出優質的回饋，能有效促進學習，對學生發揮正面的激勵作用。教師在教學的過程中要持續地提供回饋，幫助學生釐訂學習目標，了解他們在學習上的不足。適時給予他們具體的文字或口頭回饋，能引導他們積極反思自己的學習成效。教師給予學生回饋在語文評估改革中佔有重要的角色。

研究小組的成員曾任教香港教育學院各類有關「促進學習的評估」的單元，不難發現教師常給予學生課堂的口頭回饋和書面回饋，以促進學生的學習，但他們卻不大清楚自己給予學生回饋的素質。若要改善回饋的素質，教師必先要了解回饋的目的和實踐方法。究竟現時香港中小學中文科教師對給予學生回饋的目的認識有多少？他們是如何實踐這理念？本研究旨在探討香港中國語文教師給予學生回饋的目的認識和實踐情況。研究期望能啟發教師對回饋的認識，希望能為中文科教師開拓一

個新的視野，使一向沿用已久的回饋方式，注入新的元素，並能藉此提升語文的教與學及評估水平，以促進學生的學習。更希望藉此研究加強教師須給予學生回饋的專業發展，方便日後設計教師的培訓課程。本研究的經費是由香港教育學院中文學系資助。

貳、文獻回顧

一、回饋的目的

　　評估與回饋有密切的關係。一向以來評估有很多目的，常見的有測量、評定、篩選和診斷學生的能力。Garies 與 Grant（2008）則認為評估最重要的目的是能提供回饋給學生。從評估的觀點而言，回饋是指教師對學生學習進程的評價和回應（Schema，2000）。很多學生不太了解自己學習的情況，而教師給予學生的回饋，目的是告訴他們的表現，加以鼓勵。因此回饋的目的是提供學生在學習過程中的學習信息，告訴他們學習的成效（Miller，2002；Nightingale 等，1996）。

　　近年香港的評估改革是非常重視「促進學習的評估」，給予學生回饋的目的由過往較注重評價學生的學習成效也轉變為強調了促進學生的學習。Black 與 William（1998b）提出了「進展性回饋」（形成性回饋）（formative feedback）在課堂的作用，「進展性回饋」是教師在日常的教學活動給予學生學習的訊息，能幫助他們調適「教」與「學」的過程。Halverson（2010）從「促進學習的評估」的觀點，分析 Black 與 William（1998b）是從學生、教師和師生的互動這三方面論述教師給予學生進展回饋的目的。

　　從學生的角度而言，教師給予學生回饋的目的是能提供一些具體的建議，讓學生知所改進（Berry，2008；Brown 與 Ngan，2010）。學生會從教師的回饋中準確得知自己學習的訊息，改善和自評所學。回饋具長遠和深層的目的，學生能運用教師給予的回饋，作自我反思（Garis 與 Grant，2008），自我監管和評價自己表現的素質（Sadler，1989a），最

終成為自主學習者（Sutton 與 Clarke ，2006）。有效的回饋能幫助學生建立自尊，肯定自己的成就（Berry ，2008），甚至引起學習動機（Gareis 與 Grant ，2008）。從教師方面而言，他們要從回饋中獲得學生的學習情況，從而檢討自己的教學成效（Ovando ，1994）和調整教學策略（香港課程發展議會，2002）。從教師和學生的互動方面而言，教師可運用提問，認識學生在學習上的不足（learning gap），即是學生的現時學習情況和教師期望學生達致學習成果的差距。教師可以在互動中給予學生回饋，減少學習差距（Black 與 William ，1998b），並提出改善的方法（Sadler ，1989b），幫助他們學習。

Black 與 William（1998b）對回饋理念的分析是很到位，他們很全面論述進展性回饋的目的。教師給予學生回饋的目的並不只是給學生評價，而是用來改進教師的教學和學生的學習（Gareis 與 Grant ，2008；Halverson ，2010）。進展性回饋在日常課堂教學，尤其是對落實「促進學習的評估」的理念有其重要作用。但 Sadler（1989a）曾質疑如果教師給予學生回饋的訊息只是很簡單，是不能達到回饋的目的。要達致進展回饋的目的，必須了解教師給予學生甚麼類型的回饋。

二、回饋的分類

回饋可分為功能性和形式性兩大類。Berry（2008）是從功能性將「回饋」分為三類：動機性的回饋、評估性回饋和學習性回饋。動機性的回饋，具激勵學習的作用；評估性回饋有評核的功能；學習性的回饋是提出改善學習的方法。至於形式性方面，李崇坤（1999）認為評量可分為「量的描述」和「質的描述」[1]。其實回饋也可分為「量的回饋」和「質的回饋」。「量的回饋」是教師純粹用分數、等第和獎賞來表示學生的表現。優點在於學生清楚知道自己的得分；但缺點卻是無形中鼓勵學生

1　李崇坤（1999）多元化教學評量提及「量的描述」係教師經由評定分數來表示學生的表現；「質的描述」係教師以文字敘述來學生的表現。

為分數、等第和獎賞而學習。若只靠分數和等第，並不能完全幫助他們學習（Sadler，1989a），原因是分數和等第並未能為學生提供改善學習的方向和方法（Black, Harrison, Lee, Marshall 與 William，2003；Gibbs 與 Simpson，2004），這只是表層學習而已（Ramsden，2003）。

教師要向學生提出改善學習的方法，質的回饋是必要的。質的回饋是指教師可以用書面，也可以用口頭表述學生的表現，並指出或提示他們可改善的地方。書面回饋大多是指教師為學生撰寫評語。評語是一種作業批閱方式，讓學生清楚地了解自己學習上的優缺點，同時可加強師生的交流，教師短短的一段話，甚至是一個詞語，都可能和學習者的心靈作溝通（徐江梅，2009）。好的評語能激發學生的學習興趣（戴曉娟，2005），反之會使學生對學習失去信心（路生良，2009）。Butler（1988）的研究發現書面評語能提升學生高層次的學習，若教師只給學生等級，並未能達致高層次的學習效果。但亦有研究（Holmes 與 Papageorgiou，2009）發現教師沒給學生等級，只寫評語，評語亦未能受學生關注。至於口頭回饋，是教師用說話告訴學生的學習成效，是教師和學生之間具建設性的對話（Callingham，2008），也可以是教師運用提問向個別或組別學生提供回饋（Johnson，2004）。

三、回饋與學習理論

回饋與學習的理論有莫大的關係，教師對孩子如何學習所持的不同信念，會影響他們給予學生回饋的形式（Hargreaves, McCallum 與 Gipps，2000）。不同的學習理論派別對回饋概念有不同的解讀。常見的兩個學習理念：行為主義和建構主義，會影響在課堂上教師所擔任的角色，和教師給予學生的回饋方式。「行為主義」學者認為學習是通過強化建立刺激與反應之間的關係，學習只看作是對外部刺激所做出的反應。教師角色就是專家，向學習者輸入知識、概念和技能。教師給予對或錯的行為的回饋，提供學習者一些訊息以作改善。這種回饋的方式，

大多是單向的。「建構主義」學者則認為知識是不斷通過人的經歷和探索去發現和建構，知識是不斷更新的。既然知識不是既定的，那麼學習是需要學習者建構而成的，在建構的過程中學習者要以自己的已有知識為基礎作出主動探索。學習者不是純粹的訊息接收者。教師的角色幫助學習者建構知識、概念和技能。他們要創設學習環境和情境以協助學生建構所學。教師給予學生的回饋主要是向學生提供有關的學習綫索，例如給予提示、提問、在討論中讓學生從回饋中主動探索學習，教師給予學生回饋是師生雙向溝通的橋樑。在師生溝通的過程中，給予學生的回饋就像為他們建構鷹架，協助他們學習（Gallavan，2009）。

Askew 與 Lodge（2000）認為由教師向學習者輸入知識、概念和技能等這類回饋，只是被視作單向式的回饋，教師直接給學習者的「禮物」而已；而雙向式的回饋，就像打乒乓球，師生產生互動。前者以「行為主義」為基礎；後者則以「建構主義」為依歸。在「行為主義」和「建構主義」下的回饋方式是各有優劣的。單向式回饋的優點是教師直接告訴學習者的表現，省卻了不少時間，但弊病是學生未能在互動中探索所學。雙向式的回饋的好處是在師生互動的過程中，學習者能建構所學，但教師須花較多的時間和心思。

四、相關的研究

教師給予學生回饋是落實進展性評估（formative assessment）理念重要的一環（Shepard，2005）。很多研究發現進展性回饋能給予學生正面的影響。在學生的學習過程中，教師給予他們進展性回饋，能改善的學生的學習表現（Ellery，2008；Holmes 與 Papagergiou，2009；Randall 與 Zundel，2012）和學習動機（El, Tillema 與 vanKoppan，2012）。Bristol University（2000）的研究發現大部分小學生認為回饋能改善他們的學習，他們喜歡正面的口頭和書面評語；該研究又指出具有建設性批評（不是人身攻擊）比獎賞貼紙作回饋更能修補學習上的不足。Williams（2010）的研究是探討紐西蘭學童對教師對給予學生回饋

的意見。該研究又指出越早給學生回饋，他們越早能作出改善，不用花時間從錯誤中學習。

但亦有研究認為給予學生回饋並不一定獲得預期效果，Kluger 與 DeNisi（1996）指出有三分一的研究顯示回饋能弱化學生表現，認為有回饋和沒有回饋，學生的表現分別不大。若只是告訴學習者他們的對與錯，是不能改善他們的學習。Carless（2006）則指出學生只重視教師給予他們的等第，但卻不認為回饋是用作學習。Ferguson（2011）的研究顯示有 46% 學生認為進展性回饋未能達到預期的目的。由此可見，要落實進展性回饋的理念是知易行難。

近年西方有關回饋與教學的研究，大多以大學生為研究對象（Burke，2009；Poulos 與 Mahony，2008；Quinton 與 Smallbone，2010）。回饋與學習英文為第二語言相關的論文也不少（例如 Mackey，2006）。香港在有關回饋方面的研究則是鳳毛麟角，寥寥可數，只有 Lee（2008）指出香港英文科教師給予學生的回饋大多是以教師為主導，學生是被動的。至於有關以中文科教師的角度來探討給予學生回饋的研究仍未見諸文獻。有鑒於此，本研究便嘗試在這方面進行探索工作。

參、研究方法和調查樣本

一、研究方法

本研究採用定量研究（Quantitative Approach）和定性研究（Qualitative Approach）兩種方式。定量研究是採用問卷調查方式；定性研究是採用與教師訪談方式。問卷調查方式主要是全面收集香港中小學中文科教師對給予學生回饋的目的和實踐的數據。制訂問卷的方法是研究員首先邀請 2009-2010 年度 3 位修讀香港教育學院舉辦的中文科教師專業進修課程的教師接受訪問，目的是就擬訂問卷初稿，然後邀請另外 3 位教師嘗試填寫，再根據教師填寫的意見修訂問卷，並訂定問卷正稿，然後在 2010-2011 年度正式派發問卷。問卷分四部分：甲部是個人資料，乙部是教師給予學生回饋的認識和實踐情況，丙部是教師表達對命題的意

見，丁部是由教師寫下自己的想法。

本研究也會採取訪談方式，訪談教師的目的是深入理解問卷中未能獲取的數據，探討在課堂上教師如何給予學生回饋。三位研究員根據問卷，商討和擬訂訪談內容，訪談的大綱如下：

- 你認為給予學生「回饋」的目的是什麼？
- 你如何給予中文科學生「回饋」？
- 請在聽、說、讀、寫等學習範疇上舉例說明如何實踐給予學生「回饋」理念？
- 你向學生提供「回饋」時，有沒有清楚地向學生提出具體的跟進方法？
- 你對自己給予學生「回饋」的做法有甚麼意見/反思？

二、調查樣本

研究對象是香港中小學中文科教師，研究樣本選自 2010-2011 年度，修讀香港教育學院中文學系舉辦的中文科教師專業進修課程的學員。本研究派發了 202 份問卷，收回小學問卷 103 份，中學問卷 63 份，共 166 份，回收率達百分之八十二。填寫問卷的教師來自不同學校，他們從事小學和中學語文教育工作多年，具有不同的教學年資 (見表一)，具一定的代表性。

表一教師的教學年資

年資	百分比
1-5 年	25.5%
6-10 年	19.4%
11-15 年	24.8%
16-20 年	17.6%
21 年或以上	12.7%

　　填寫問卷的中文教師在校任教的級別包括初小（小一至小三）佔31.3%，高小（小四至小六）佔 28.2%，初中（中一至中三）佔 20.8%，高中（中四至中五）佔 15.8%，預科（中六至中七）佔 3.9%，可見本研究的對象任教的級別相當廣泛，具代表性。

　　至於訪談對象的取樣方法是以「配額取樣法（quota sampling）」方式，邀請了 9 位基層中小學教師接受深度訪問（文中以 T1，T2……為代號），他們都是填寫問卷的教師，來自不同的學校，小學教師 5 位，中學教師 4 位。

肆、結果及討論

一、教師對給予學生回饋的目的

（一）教師能從學生角度來分析給予學生回饋的目，但卻缺乏從教師和師生互動層面來探究。

　　大部分教師都能從學生的角度檢視回饋的目的，對回饋的目的是有認識的。問卷中要求教師選擇給予學生回饋的目的，他們可選多一個答案，圖一顯示有接近五成（48.2 %）教師認為回饋能提升學生的反思能力，接近四成教師（38%）認為回饋能向學生指出具體的跟進方法和四成多教師（42.8%）認同回饋能指出學生學習的得失。教師都是從促進學生學習的角度給予學生回饋，認為回饋是為學生評分的只佔極少數（10.2%）。

圖一：教師給學生回饋的目的

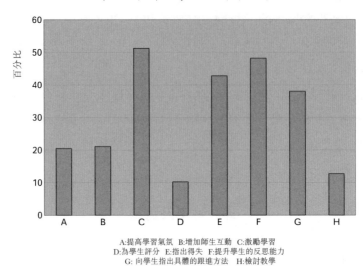

A:提高學習氣氛　B:增加師生互動　C:激勵學習
D:為學生評分　E:指出得失　F:提升學生的反思能力
G: 向學生指出具體的跟進方法　H:檢討教學

　　與訪談所得的資料相似，有五位教師（九分之五）能從學生角度深
入分析回饋的目的：提供學生學習的訊息，指出學生的得失。以下是其
中一位教師的解說：

　　　　給予學生回饋的目的是讓學生知道自己掌不掌握得到所
　　　學，認識自己做得不足的地方，從而改善所學。（T4）

　　同時有四位教師（九分之四）亦能從具深度和長遠的目的，分析回
饋是讓學生反思自己的學習成效，以下是其中兩位教師的說法：

　　　　回饋目的是希望學生在學習過程中，反思自己所學知識的
　　　程度。老師從中了解他們的強項與弱項。（T3）
　　　　本人認為給學生回饋的最主要原因是促進學生學習，讓他
　　　們有機會反思自己值得稱讚及不足之處。學生從而能夠改善學
　　　習。（T2）

　　教師很注重給予學生回饋希望讓他們作自我反思，這和 Garis 與
Grant（2008）所說的相同，這是對回饋的目的有深層理解。教師給予學
生的回饋應能幫助他們反思所學。

但值得注意的是，研究發現只有很少教師會從 Black 與 William (1998b) 的提議從教師和師生互動的層面來探究回饋的目的。可見教師缺乏從不同角度探究給予學生回饋的目的。從圖一所見，只有一成多教師 (12.7%) 會從給予學生的回饋來檢討自己的教學；兩成多教師 (21.1%) 認為給予學生的回饋可增加師生互動。訪談所得的數據與問卷的數據也頗相同，九位受教師，只有二位能從教師角度來分析給予學生回饋的目的，從而改善自己的教學策略，以提升教與學的成效；只有一位受訪教師從師生互動的層面來分析給予學生回饋的目的，他表示：

促進師生之間的交流和溝通，建立和學生良好的關係。(T9)

回饋的精髓是教師能從給予學生回饋的互動中，建立學習氣氛和師生彼此良好的關係，師生有了交流，教師才能深入了解學生的學習情況，才能針對學生個別差異提出具體建議，幫助學習。

(二) 中文科教師給予學生回饋的目的大多具激勵作用，以肯定讚賞為主。

超過五成 (51.2 %) 教師認為回饋能激勵學生學習 (見圖一)，即是 Berry (2008) 所指的動機性的回饋，對學生具鼓勵作用。以下是一位受訪教師的解說：

回饋更重要的目的是學生願意學習的第一步，他們需要老師肯定和有價值的認同，從而加速學習效能。(T5)

回饋的目的是為了讚賞學生，因為現時的學生最大的問題是沒有信心學好中文，所以讚賞他們的表現可加強他們的自信心。有教師表示：

許多成績較差的學生都是沒有信心，所以我給他們的回饋都會在稱讚方面……無論學生答得好不好，都可以找一些地方稱讚他。(T8)

以上的受訪教師是用心良苦的，但是只要有禮貌指出學生的不足，他們也樂於接受批評。以肯定讚賞為主的回饋當然具激勵作用，但有研究（Burnett 與 Mandel，2010）指出教師常常沒有目標的稱讚學生，這種做法並沒有成效。若能針對目標向學生提出的回饋，縱使是批評和指出他們的錯誤也是必要的。Koopmans（2009）認為給予學生回饋可包括正面的稱讚和負面的批評，所以不應只是以讚賞為主，要有適當的批評。可惜本研究只有一位受訪教師認為會為學生寫上負面的批評語，其餘八位受訪教師均表示他們會為學生寫上鼓勵語。其中一位説：

> 學生是要鼓勵的，所以我（教師）沒有刻意批評學生……況且怎樣批評學生是要有技巧，自問未能掌握箇中方法。(T3)

為甚麼教師不喜歡批評學生的表現？原因有兩個：一是他們不想傷害學生，因為負面批評可能使學生失去學習的信心，打擊他們學習的興趣；二是教師擔心不懂怎樣給予學生負面評語。其實要給予學生負面評語是困難的，一方面要如實地説出學生的不足；另一方面又要有禮貌和態度誠懇，期望學生有所改善。

二、實施情況

(一) 回饋是「質」「量」並重

教師是如何給予學生回饋呢？教師給予學生回饋是很多樣化。就聽、説、讀、寫四個範疇，教師給予學生分數／等級、書面評語、口頭評語和回饋表，表二詳細列出中文科教師所用的回饋方式。教師在中國語文科給予學生作出的回饋是「質」「量」並重的。「量的回饋」是指教師給予學生分數或等第；「質的回饋」是指書面或口頭回饋。

表二：聽、説、讀、寫四個範疇所用的回饋方式

回應人數 (所佔百分比)＼範疇	分數／等級	書面評語	口頭評語	分數／等級 ＋書面評語	分數／等級 ＋口頭評語	書面評語 ＋口頭評語	分數／等級 ＋書面評語 ＋口頭評語	回饋表
聆聽	65 (41.6%)	1 (0.7%)	7 (4.5%)	11 (7.1%)	62 (39.6%)	5 (3.2%)	4 (2.6%)	1 (0.7%)
説話	6 (4%)	0 (0%)	39 (26.2%)	7 (4.7%)	76 (51%)	4 (2.7%)	15 (10.1%)	2 (1.3%)
閱讀	30 (19.7%)	1 (0.7%)	20 (13.2%)	21 (13.8%)	51 (33.6%)	6 (3.9%)	22 (14.5%)	1 (0.7%)
寫作	8 (5.5%)	2 (1.4%)	2 (1.4%)	59 (40.7%)	5 (3.2%)	12 (8.5%)	55 (37.9%)	2 (1.4%)

從表二可見，就聆聽範疇而言，超過四成教師 (41.6%) 給予學生分數或等第回饋學生的表現，接近四成教師 (39.6%) 給予學生分數等第和口頭回饋。大多數受訪教師（九分之七）表示，中文科在聆聽範疇方面的訓練主要是讓學生聆聽光碟，做聆聽練習，然後和他們討論答案，給予學生分數和口頭回饋，使他們知道如何尋找答案。

就説話範疇而言，超過五成教師 (51%) 是用分數／等級和口頭回饋，有一成教師 (10.1%) 會用等級，口頭回饋和書面評語（見表二）。絕大多數受訪教師（九分之八）表示，他們為學生設計説話活動，然後觀察他們的表現，提供他們即時表現所得的分數／等級和口頭回饋，包括讚賞他們做得好的地方和指出哪些地方仍待改善。

就閱讀範疇而言，有三成多教師 (33.6%) 會用分數／等級和口頭回饋，約一成半教師 (14.5%) 會用等級、口頭回饋和書面評語（見表二）。大多數受訪教師（九分之七）指出，在閱讀課堂後會給予學生練習，並會給等級。在教學過程中，有部分教師（九分之四）會運用追問方式來給予學生口頭回饋，這種追問，是師生間在互動中教師給予學生的指引，是口頭回饋的一種，幫助學生修正所學。

就寫作範疇而言，有 40.7% 的教師會用等級和書面評語，有 37.9% 教師會給分數／等級、口頭評語和書面評語（見表二）。值得注意的是有 1.4% 教師會運用回饋表（見表二）。這與訪談數據相若，只有一位受訪教師提及回饋表，他指出自己對回饋表的認識是不足，他只是設計一

份表格，希望學生對自己的作文和教師給他的評語作反思而已。有六位（三份之二）受訪教師給予學生的回饋方式包括：分數／等級和書面評語。其中一位教師表示：

> 學生寫的文章，我會給予分數和寫評語，分數很實際，使他們知道自己的表現，但評語的意義都很重大，因為它代表了分數背後的意義和教師期望學生改善的地方。（T9）

雖然不同範疇的語文活動的屬性會左右教師選擇回饋的方式，但總的來說，他們給予學生回饋的方式很多元化。Black 等人（2003）的研究指出英國教師在語文給予學生回饋的形式大多是以給分數和撰寫評語為主。本研究亦發現香港中文科教師在中國語文科讀和寫的範疇上給予學生的回饋也是以分數和評語為主，兩者的研究結果頗為相似。分數和撰寫評語是相輔相成的，這是很得當的做法。

（二）教師認為給予學生的書面和口頭回饋是足夠的，大多數學生喜歡教師給予的回饋。

大部分教師（71.7%）認為他們給予學生的書面回饋是足夠的，超過八成五的教師（86.3%）認為為給予學生的口頭回饋是足夠。很多教師指出學生很喜歡老師給予他們書面評語作回饋（83.1%）和口頭回饋（77.9%）（見表三）。

有四位（九分之四）受訪教師也認同學生獲得教師給他們的書面評語是很開心的，其中一位受訪者表示：

> 對學生作文的回饋多用文字，學生很喜歡知道自己的得分，也會很緊張教師給他的評語，學生對教師給予的評語是非常緊張的，接到評語是很高興呢！（T3）

但亦有一位教師指出對成績較懶惰的學生而言，他們接獲教師給作文的書面評語的反應是很冷淡的，他解説：

他們（學生）力有不逮，每次作文也只得低分，所以也沒有心情閱讀教師撰寫的評語。(T1)

至於口頭回饋方面，很多教師表示在課堂上的讀文教學常用口頭回饋，五位（九分之四）受訪教師認為學生獲得教師口頭回饋是很開心的，其中一位受訪者表示：

在閱讀的課堂上，我常稱讚他們（學生）的表現，他們在全班同學面前便會很有優越感，他們很高興呢！若然他們答不到我的提問，我也會多加指引，盡量幫助他們作答，以增加他們的成功感。(T4)

由此可見，若然教師能從給予學生回饋中增加學生的成功感和優越感，學生必然會樂於接受教師給予的回饋。

（三）認識和實踐：弔詭的回饋（Feedback Paradox）

1.　教師認同回饋的重要性，但是教師卻不知道怎樣給予學生有素質的口頭和書面回饋

表三顯示了絕大部分教師（95.8%）不認同教師給予學生回饋不是很重要的，但有部分教師卻不知道怎樣給予學生有素質的口頭回饋（39.7%）和書面回饋（43.3%）。

表三：教師對回饋的看法

項目	回應人數（所佔百分比）				平均值 (S. D.)
	1	2	3	4	
我認為給予學生回饋不是很重要的	121 (72.9%)	38 (22.9%)	3 (1.8%)	4 (2.4%)	1.34 (0.64)
我不知道怎樣給予學生有素質的口頭回饋	23 (13.9%)	77 (46.4%)	58 (34.9%)	8 (4.8%)	2.31 (0.77)
我不知道怎樣給予學生有素質的書面回饋	22 (13.3%)	72 (43.4%)	55 (33.1%)	17 (10.2%)	2.40 (0.85)
我沒有受過「給予學生回饋」的培訓	19 (11.6%)	42 (25.3%)	54 (32.5%)	49 (29.5%)	2.81 (0.99)

項目	回應人數（所佔百分比）				平均值 (S. D.)
	1	2	3	4	
我認為學生很喜歡老師給予口頭回饋	3 (1.8%)	33 (20.2%)	92 (56.4%)	35 (21.5)	2.98 (0.70)
我認為學生很喜歡老師給予書面評語作回饋	1 (0.6%)	25 (15.1%)	81 (48.8%)	57 (34.3%)	3.18 (0.70)
給予學生回饋後，我很少再作跟進	20 (12%)	76 (45.8%)	62 (37.3%)	8 (4.8%)	2.35 (0.75)

（1 代表非常不同意 2：代表不同意 3：代表同意 4：代表非常同意）

既然很多教師認同給予學生回饋的重要性，他們又認為學生很喜歡老師給予回饋，無奈有部分教師卻不知道怎樣給予學生有素質的書面和口頭回饋。其中一位表示：

> 我每天也給予學生書面和口頭回饋，但怎樣才是有素質的回饋？（T2）

根據 Berry（2008）的看法，有素質的回饋包涵六個原則：給予學生的回饋要明確、適時、教師要集中評價學生所學、回饋須配合評估目的、學生能跟進回饋、回饋能發展學生的自評和同儕互評的能力。其實現時香港教師不甚清楚甚麼是有素質的回饋是可以理解的，主要的原因是超過六成教師（62%）沒有受過相關「給予學生回饋」的培訓。其中一位受訪教師說：

> 我四年前修讀教育學院……課堂好像沒有教導我怎樣給予學生回饋，例如回饋的做法和種類……當我真的出來工作後才有機會參加學校舉辦的工作坊，參加了聽課，評課和議課活動的時候才學會。我覺得給教師培訓是必要的。（T9）

受訪者指出了兩個重點，一是欠缺足夠的師資培訓，二是教師可多作交流和觀課有助他們對給予學生有素質回饋的認識。這兩個重點正說出了現時教師專業發展培訓不足之處。

2. **大多數教師認同他們給予學生回饋能指導學習方向的重要性，也能向學生提供具體的改善方法，但有四成多教師給予學生回饋後，很少再作跟進。**

差不多所有教師（98.8%）認同給予學生回饋在於指導學習方向，從而希望他們改善所學。但教師給予學生回饋時，有接近五成教師（48.2%）卻要視乎情況才作出跟進，甚至有四成多教師（42.1%）給予學生回饋後，很少再作跟進。有九分之五受訪者認為他們沒有足夠時間作給予學生回饋後的跟進，有受訪教師解釋：

> 課程過於緊湊，要教很多教學內容，我（教師）根本沒有時間作跟進，其實我也想跟進他們（學生）有沒有好好運用我給予的回饋，可惜實在沒時間。(T5)

受訪教師指出缺乏對回饋後的跟進工作，並非他們所願，但由於課程緊迫，教師恐怕趕不上進度，寧可花時間在教學上，跟進學生的工作相對地減少了。其實，這是令人可惜的，若教師沒有足夠時間跟進學生的表現，即使能完成教學進度，也大大減低學生的學習成效。若然教師缺乏對學生給予回饋後的跟進工作，試問又怎能從對學生回饋中檢討自己的教學成效（Ovando，1994）和調整教學策略（香港課程發展議會，2002）？這是值得深思的問題。

學生獲得老師的口頭回饋後，教師認為有八成學生（80.1%）會作部分跟進，全部跟進的（3.6%）、沒有跟進的（5.4%），或不甚清楚（9.6%）的只佔很少數。至於學生獲得書面回饋後，教師認為有七成多學生（78.9%）會作部分跟進，全部跟進的只佔 3.6%，沒有跟進的佔 5.4%，不甚清楚的則佔 10.8%。為什麼大部分學生只能作部分跟進呢？問題與學生對教師給予回饋的跟進意欲有關，若教師沒有再跟進學生收到回饋後的學習表現，學生對回饋也只好馬虎了事，只是作部分跟進。若教師對學生給予回饋有跟進，學生便會認真進行跟進工作，兩者是互相影響的。

3. 教師認同回饋的目的是提升學生的反思能力，在閱讀範疇上給予學生的口頭回饋確能做到，但很多教師在寫作範疇上給予學生的書面回饋卻是由教師主導。

　　研究顯示有四成多教師（48.2%）認為回饋的目的是希望提升學生的反思能力（見圖一）。表四顯示教師運用提問和填充方式作回饋，幫助學生思考所學。例如超過九成教師使用下列的回饋：「你可以舉例證明你的看法嗎？」（90.9%），「你同意甲同學的說法嗎？為甚麼？」（91.5%），「答得不錯，但要注意……」（93.4%）。超過七成教師會使用以下的回饋，「你可以更有條理的說一次嗎？」（70.9%），「你答了兩個原因，而實際上有三個，你可否把另一個也找出來呢？」（70.3%），「答案仍可改善，請另一位同學補充。」（83.7%）。這些口頭回饋是師生互動的橋樑，學生能從提問中思考所學。

表四：閱讀堂課上口頭回饋

項目	回應人數（所佔百分比）				平均值（S. D.）
	1	2	3	4	
你可以更有條理的說一次嗎？	8 (4.8%)	40 (24.2%)	90 (54.5%)	27 (16.4%)	2.82 (0.75)
你可以對準問題的焦點再說一次嗎？	11 (6.7%)	47 (28.5%)	87 (52.7%)	20 (12.1%)	2.70 (0.76)
你可以舉例證明你的看法嗎？	3 (1.8%)	12 (7.2%)	100 (60.6%)	50 (30.3%)	3.19 (0.64)
你答了兩個原因，而實際上有三個，你可否把另一個也找出來呢？	11 (6.7%)	38 (23%)	93 (56.4%)	23 (13.9%)	2.78 (0.76)
你同意甲同學的說法嗎？為甚麼？	3 (1.8%)	11 (6.7%)	72 (43.6%)	79 (47.9%)	3.38 (0.69)
請根據同學的答案，完整地回答。	10 (6.1%)	51 (30.9%)	80 (48.5%)	24 (14.5%)	2.75 (0.78)
答得不錯，但要注意……	1 (0.6%)	10 (6.1%)	93 (56.4%)	61 (37%)	3.30 (0.50)
你的答案真棒！請告訴我們你是怎樣想出來的。	12 (7.3%)	47 (28.5%)	66 (40%)	40 (24.2%)	2.81 (0.88)
答案仍可改善，請另一位同學補充。	4 (2.4%)	23 (13.9%)	77 (46.7%)	61 (37%)	3.18 (0.75)

（1. 代表沒有使用 2：代表不常使用 3：代表有時使用 4：代表常常使用）

有受訪者解釋他在閱讀教學中常用提問方式給予學生回饋，他説：

> 回饋不一定是用文字上的，在課堂上提問學生並不很困難，從提問中才知道學生能否掌握所學。如果沒有從提問中給予回饋的話，這一課就沒有和學生交流，學生有不明白的地方，我們不會知道。課堂上多用提問給予學生提示，對學生理解課文是有幫助的，我運用提問作回饋又不覺會加重工作量。(T1)

但教師在寫作範疇給予學生的書面回饋，較少用提問，以互動的形式給予學生回饋，大都是由教師主導。教師直接用文字告訴學生他們的作文優劣和建議，例如從表五所見，大部分教師運用的書面回饋有：「內容充實，文筆流暢」(87.9%)；「注意錯別字」(95.2%)，「文句欠通順」(82.9%)，「宜多舉出具體例子」(83.6%)，但是教師運用提問方式作回饋並不多見的，例如「這個形容詞不很貼切，可否想想另一個形容詞？」只佔 42.4%。

表五：教師撰寫作文的書面評語

項目	回應人數（所佔百分比）				平均值 (S.D.)
	1	2	3	4	
內容充實，文筆流暢	2 (1.2%)	18 (10.9%)	84 (50.9%)	61 (37%)	3.24 (0.69)
注意錯別字	1 (0.6%)	6 (3.7%)	71 (42.8%)	86 (52.4%)	3.48 (0.60)
文句欠通順	4 (2.4%)	24 (14.5%)	76 (46.3%)	60 (36.6%)	2.53 (0.88)
宜多舉出具體例子	2 (1.2%)	25 (15.2%)	86 (52.1%)	52 (31.5%)	3.14 (0.70)
這個形容詞不很貼切，可否想想另一個形容詞？	21 (12.7%)	74 (44.8%)	55 (33.3%)	15 (9.1%)	2.39 (0.82)
你進步神速，老師替你高興！	19 (11.6%)	52 (31.7%)	73 (44.5%)	20 (12.2%)	2.57 (0.85)
從表現可以肯定你有潛質，可多注意改善……	17 (10.3%)	58 (35.2%)	68 (41.2%)	22 (13.3%)	2.58 (0.84)

(1. 代表沒有使用 2：代表不常使用 3：代表有時使用 4：代表常常使用)

表五所引述的書面評語，大多數教師都以專家口吻直接告訴學生他們的作文表現，提供學習者訊息以作改善，大多是單向式的回饋。雖然單向式的回饋能直接告訴學他們不足之處，省卻了不少時間，但卻沒有給予學生思考的機會。教師較缺乏向學生提供雙向式的回饋，教師提出問題，學生根據問題作跟進，師生就像打乒乓球，彼此是互動的。教師可提供有關綫索作回饋，例如給予提示、提問和在討論中讓學生探索和思考自己的要改善的地方，更能幫助他們寫作。這是理想的做法，但在實際環境中，教師工作量重，這種做法仍待商榷。有受訪教師建議：

> 若班上的人數減少，我就會有多點時間和他們（學生）討論及引導他們反思自己的不足，我也會明白他們多一些。(T8)

由此可見，班中人數，或多或少影響教師運用單向式或雙向式的回饋。教師花在批改作文的時間是不少的，每班約有三十五位學生，一般中文科教師要教三班中文，以每月作文兩次為例，教師每月約改二百多篇作文。教師就每篇作文撰寫評語已很不容易了，哪有時間和學生撰寫詳細的評語，進行互動和反思？

陸、總結及建議

本研究發現香港大部分教師對給予學生回饋的目的都能從學生的角度分析回饋能激勵學生學習，讓學生明白自己的學習得失，教師希望回饋能引起學生能作自我反思。但他們卻較缺乏從教師和學生互動的層面來理解給予學生回饋的目的。有部分教師未能從回饋中檢討自己的教學。研究又發現教師在中國語文科所給予學生出的回饋是「質」「量」(指書面 / 口頭，分數 / 等級的回饋) 並重的，大多數學生喜歡教師給予的回饋，本已做得不錯，但在應用上卻出現理念與實踐的三個弔詭現象：

(1) 教師認同給予學生回饋的重要性，但是教師卻不知道怎樣給予學生有素質的口頭和書面回饋；

(2) 大多數教師認同他們給予學生回饋能指導學習方向的重要性，

也能向學生提供具體的改善方法，但有四成多教師給予學生回饋後，很少再作跟進；

(3) 教師認同回饋能提升學生的反思能力，但教師在寫作範疇上給予學生的書面回饋卻是由教師主導，令學生較少機會反思所學。

要解決以上的現象，下文是從教育行政和教師兩方面提出一些建議：

一、教育行政

研究發現教師對給予學生回饋的認識和實踐是有不足的地方。就教育行政方面而言，香港應加強教師專業發展的培訓。同時，教育局也要改善教學客觀的環境。

(一) 加強教師專業發展的培訓

為了加強教師專業發展，中央培訓和校本培訓是非常重要的。香港教育局和大專院校可舉辦中央培訓的課程和工作坊，課題包括：

1. 回饋的目的

研究指出教師缺乏從教師角度和師生互動的層面來剖析回饋的意義。回饋的目的除了指出學生學習上的得失，提出改善學習的方向外，還要運用回饋和學生溝通，深入理解他們學習上的不足，從而檢討教學，提升教與學的成效。因此，從不同角度來剖析「回饋的目的」這課題是必要的。

2. 回饋與學習理論

現時教育改革以建構主義為基礎，強調以學生為中心，學習者要主動探索，而教師的角色是幫助學習者建構知識，但是有教師常常給予學生的回饋仍是單向式，直接告訴學生答案，向他們輸入知識，這是有違建構主義的理論。因此，教師必先要了解回饋與學習理論的關係。有了理論根基，教師才能深入理解回饋的深層目的。

3.　批評語和讚賞語的撰寫

　　教師給予學生的回饋可包括正面的稱讚和批評，但是本研究發現教師所給予學生的回饋是以讚賞為主，其實給學生適當的批評是需要的。雖然負面批評可能會打擊學生的自信心，但只要有技巧地撰寫便不成問題。例如 Hyland 與 Hyland（2001）建議教師採用「合併行動形式」（Paired Act Pattern）來撰寫批評語，例如可運用「讚賞、批評和提議」（praise-criticism-suggestion triad）的形式來提點學生。教師可多運用「可以」、「請你」、「若能……」、「或許」、「如果」等用語有禮貌地批評學生，令他們容易接受和知所改善。

4.　加強回饋後的跟進

　　雖然本研究發現在教師在閱讀和寫作等方面所給予學生的回饋是「質」「量」並重，他們大多運用分數／等第，書面和口頭回饋。但是由於教師工作繁重量，所以沒有時間對給予學生的回饋再作跟進。這影響學生也不大重視教師給予他們的回饋，未有作出跟進。Black 等人（2003）認為回饋後的跟進活動是學習過程中重要的一環。跟進活動是提供學習機會讓學生展示接收回饋後的學習成效。跟進活動可以給予學生重做和修正的機會，也可以讓學生有提出問題的機會（Garies 與 Grant，2008）。若教師沒有時間和個別學生討論，可設計「回饋表」和「反思表」給學生填寫，教師從中了解他們對回饋的想法和有否跟進，以加強師生對回饋的互動。

　　除了教育局的中央培訓外，校本培訓和交流也是很重要的。教師在日常教學中常給予學生回饋，所以教師培訓也可由校本做起。學校可與大專院校合作，邀請院校老師到學校觀課和交流。同時學校教師可多參考其他同事所給予學生的優質回饋，汲取他人優點，更明白甚麼是有素質的回饋。一向以來教師都沒有機會和同工分享自己所給予學的生回饋，例如很少教師會主動和同工分享自己撰寫的學生評語和在課堂給予學生的口頭回饋，所以多給予教師機會作交流和觀課，實有助他們對給

予學生回饋的認識。此外，大專院校也可和教師合作做這方面的教研，並將研究成果在綱上發佈，與廣大同工一起分享和討論。

(二) 改善客觀環境

有教師指出中文科課程緊迫，加上每班人數眾多，影響了教師給予學生回饋。緊迫的課程令教師疲於奔命去追趕教學進度，在課堂給予學生回饋的機會也減少了。現時香港中小學每班人數約是三十五至四十人，屬於大班教學，教師面對如此大班的課堂教學，又怎能有效地給予個別學生的回饋？但若是小班教學，由於學生人數較小 (約二十五人)，教師較容易觀察個別學生的表現而給予回饋。因此，適當的課程剪裁和實施小班教學，能間接提供有利的條件幫助教師在互動中給予學生回饋。

二、教師方面

研究建議教師可以多進行自我反思，從而改變他們對書面回饋的看法。一向以來，教師都以權威者的角色輸入知識、概念和技能給學生，教師只提供學生學習的訊息，回饋是屬於單向式的。本研究發現教師在閱讀範疇上所給予學生的口頭回饋以提問為主，能鼓勵學生思考，在互動中提供回饋，這是值得稱讚的地方。但是研究亦指出教師為學生撰寫的作文評語是由教師主導，和學生互動的機會較小，學生反思的機會不多。單向式回饋雖然有其優點，有時教師須明確指出學生的對與錯，但是教師也應嘗試給予學生雙向式的回饋，如打乒乓球式給予學生回饋，更符合現時教育改革的精神。例如教師也可嘗試撰寫互動式的作文評語，運用提問方式提示他們要改善的地方。學生可就評語作出回應和修訂。回饋是師生在教與學過程中，共同有條理地建構和尋找學習上的優點和不足的地方，教師從而檢討所教，學生改善所學，增加彼此的成功感 (Ovando，1994)。

有效的回饋，既有評價和鼓勵作用，又有導向和反思作用，更能將

「促進學習的評估」的精神發揮出來。本研究發現的弔詭現象，希望能得到教育界的正視。這次研究只屬初探性質，研究有其局限，欠缺觀課的數據和收集教師撰寫評語的書面回饋的分析。研究員期望未來的研究能收集觀課的數據，深入分析教師在課堂上給予學生的口頭回饋，同時也收集教師為學生撰寫的作文評語，探討他們給予學生書面回饋的特點。另外，本研究是從教師的角度收集數據，研究員也希望未來的研究能從學生的角度探討教師給予他們回饋的成效。

參考文獻

香港課程發展議會 (2002)。**基礎教育指引—各盡所能，發展所長**。香港：政府印務局。

徐江梅 (2009)。如何通過作文評語觸動孩子的心靈。**中國科教創新導刊**，12，175。

路生良 (2009)。關於作文評語的幾大環節。**小學教師**，2，83。

廖佩莉 (2007)。理念與實踐：香港小學中國語文科教師對語文評估的意見調查。**教育曙光**，55(1)，51-58。

課程發展議會與香港考試及評核局 (2007)。**中國語文教育學習領域 中國言語文課程及評估指引 (中四至中六)**。香港：政府印務局

戴曉娟 (2005)。批語，在英語作業批改中不可缺少。**文教資料**，36，140。

Askew, S. and Lodge, C. (2000). Gifts, ping - pong and loops-linking feedback and learning. In Askew, S. (Ed.), *Feedback for learning* (pp.1-17). London, England: Routledge.

Berry, R. (2008). Assessment for learning, Hong Kong, China: Hong Kong University Press.

Black, P. Harrison, C., Lee, C., Marshall, B. and William, D. (2003). *Assessment for learning: putting into practice.* London, England: Open University Press.

Black, P. and William, D. (1998a). *Inside the Black Box: Raising Standards through Classroom Assessment.* London, England: School of Education, King's College.

Black, P. and William, D. (1998b). Assessment and classroom learning, *Assessment in Education,* 5 (1),7-74.

Bristol University (2000). Don't know what would be a good bit of work, really. *The LEARN project. Guidance for schools on assessment for learning.* Bristol, England: CLIO Centre for Assessment Studies, University of Bristol.

Brown, G. and Ngan, M. Y. (2010). *Contemporary Educational Assessment.* Hong Kong, China: Pearson.

Burke, D. (2009). Strategies for using feedback students bring to higher education, *Assessment & Evaluation in Higher Education,* 34 (1), pp.41-50.

Burnett. P. and Mandel, V. (2010). Praise and Feedback in the Primary Classroom: Teachers'and Students'perspectives. *Australian Journal of Educational & Developmental Psychology,* 10, pp.145-156.

Butler, R. (1988). Enhancing and Undermining Intrinsic Motivation: the Effects of Task-involving and Ego-involving Evaluation on Interest and Performance. *British journal of Educational Psychology,* 58,1-4.

Carless, D. (2006). Differing perceptions in the feedback process. *Studies in Higher Education,* 31 (2),219-233.

Callingham, R. (2008). Dialogue and Feedback. *Assessment in the primary Mathematics Classroom,* APMC,13 (3),18-21.

El, R. P., Tillema, H. and VanKoppan, S. W. H. (2012). Effect of Formative Feedback on Intrinsic Motivation: Examining Ethnic Differences, *Learning and Individual Difference,* 22 (4),449-454.

Ellery, E. (2008).. Assessment for learning: a case study using feedback effectively in an essay-style test, Assessment & Evaluation in Higher Education,33,421-429.

Ferguson, P. (2011). Student perceptions of quality feedback in teacher education. *Assessment & Evaluation in Higher Education,* 36 (1),52-62.

Gallavan, N. P. (2009). *Developing Performance-Based Assessment.* Thousand Oaks, CA: Corwin Press.

Gareis, C. R., and Grant, L. W. (2008). *Teacher Made Assessments. How to conncect curriculum Instruction and Student Learning.* New York, NY: Eye on Education.

Gibbs, G., and Simpson, C. (2004). Does your assessment support your students'learning? Journal of *Teaching and learning in Higher Education,* 1 (1),.3-31.

Halverson, R. (2010). School Formative Feedback Systems, *Peabody Journal of Education,* 85, pp.130-146

Hargreaves, E., McCallum. B. and Gipps, G. (2000). Teacher strategies in primary classrooms-new evidence. In Askew, S. (Ed.), *Feedback for learning,* London,

England: Routledge.

Holmes, K., and Papageorgiou, G. (2009). Good, bad and insufficient: Students'expectations, perceptions and uses of feedback, *Journal of Hospitality, Leisure, sport and Tourism Education,* 8 (1),85-96.

Hyland, K. and Hyland, F. (2001). Context and issues in feedback on L2 writing: an introduction. In Hyland, K. and Hyland, F. (Eds.), *Feedback in Second Language writing: context and issues,* New York, NY: Cambridge University Press.

Johnson, P. H. (2004). *Choice words: How our language affects children's learning. Portland,* ME: Stenhouse Publisher.

Kluger, A. N. and DeNisi, A. (1996). The effect of feedback interventions on performance: A historical review, a meta-analysis, and a preliminary feedback intervention theory. *Psychological Bulletin,* 119,254-284.

Koopmans, M. (2009). *Feedback Mastering the Art of Giving and Receiving Feedback,* Zaltbomme, Netherlands: Theme.

Lee, I. (2008). Student Reactions to Teacher Feedback: Hong Kong Secondary Classrooms, *Journal of Second Language Writing,* 17 (3),144-164.

Mackey, A. (2006). Feedback, Noticing and instructed Second Language Learning. *Applied Linguistics,* 27 (3),405-430.

Miller, S. P. (2002). Using effective teaching behaviors. In S. P. Miller, *Validated practices for teaching student with diverse needs and abilities* (pp.189-233). New York, NY: Allyn & Bacon.

Nightingale, P., TeWiata, I., Toohey, S., Ryan, G., Hughes, C., and Magin, D. (1996). *Assessing learning in Universities.* Sydney, Australia: University of new South Wales.

Ovando, M. N. (1994). Constructive feedback: A key to successful teaching and learning, *The International Journal of Educational Management,* 8 (6),19-21.

Poulos, A and Mathony, M. J. (2008). Effectiveness of feedback: The students'perspective. *Assessment & Evaluation in Higher Education,* 33 (2),143-154.

Quinton, A. and Smallbone, T. (2010) Feeding forward: using feedback to promote student reflection and learning - a teaching model. *Innovations in Education and Teaching International,* 47 (1),.125-135

Ramsden, P. (2003). *Learning to teach in higher education,* London, England: Routledge.

Randall, L. and Zundel, P. (2012) Students'Perceptions of the Effectiveness of Assessment Feedback as a Learning Tool in an Introductory Problem-solving Course. *Canadian*

Journal of the Scholarship of Teaching and Learning, 3 (1),1-19.

Sadler, D. (1989a). Formative assessment and the design of instructional systems, *Instructional Science,* 18 (2),119-144.

Sadler, D. (1989b). Formative assessment: Revisiting the territory. Assessment in *Education: Principles, Policy and Practice,* 5 (1),119-144.

Schen, M. V. (2000). *Teacher Feedback and Student Revision,* Ann Arbor, MI: Bell and Howell Information and Learning Company.

（轉載自廖佩莉（2013）：香港中國語文教師對於給予學生「回饋」的認識與實施現況之研究，《教育研究與發展期刊》，9(2)，65-90。）

香港小學中文科準教師在閱讀課堂上給予學生口頭回饋的研究

壹、前言

　　二十一世紀是全球化的時代，全球化是指不同國家和地方聯繫起來，不同國家或地方發生的事情會影響世界各地。「促進學習的評估」是近年教育改革其中一個的重要課題，影響世界各地。「促進學習的評估」是指教師在學與教的過程中，找出和診斷學生在學習上遇到的困難，進而改善學生的學習（香港課程發展議會，2002）。要實踐「促進學習的評估」的理念，Black & William（1998）提議其中一種常用的方法是教師在日常教學上多注意給予學生回饋。很多學者（Hattie，1987；Sadler，2008；Black & William，1999；Yorke，2003）都認為回饋能對學習產生重要的影響。課程發展議會、香港考試及評核局（2007）建議教師可採用口頭答問的形式，瞭解學生的學習情況。在中文課堂上教師常給予學生很多口頭的回饋。教師從答問中瞭解和評估學生的表現，既可提供指引幫助他們學習，又可藉此修正自己的教學策略，補充學生不明白的地方。

　　研究者曾任教香港教育學院十多年，常有機會視導學員（下文稱準教師），發現雖然準教師在中文閱讀課堂上常給予學生口頭回饋，但卻未能有效地促進學生的學習。因此本研究旨在探討準教師在實習時如何在閱讀課堂上給予學生口頭回饋及其不足之處。本文在最後的部分提出建議，希望藉此提升準教師給予學生口頭回饋的效能，實踐「促進學習的評估」教育改革的精神。

貳、文獻探討

一、回饋的功能

　　Berry（2008）將「回饋」可分為三類：動機性的回饋、評估性回饋和學習性回饋。動機性的回饋是教師給了學生的回饋具激勵學習的作用；評估性回饋具有評核的功能；學習性的回饋是提出改善學習的方法。換言之，從功能上回饋可歸結為：鼓勵學習、評估成效和改善所學。就鼓勵學習而言，課程發展議會與香港考試及評核局（2007）指出回饋對學生能發揮正面的激勵作用。教師給予的回饋應該多鼓勵學生，指出學生的長處，從而觸動他們的心靈。教師必須具一雙慧眼，發現學生與眾不同的地方，並能引起他們學習的動機和學習新技能的興趣（Koopmans，2009）。興趣是學習動力的根源，當學生對學習產生興趣，自然能激發他們學習的動機和信心。就評估成效而言，教師在學生學習過程中給予他們的學習的資訊，並告訴他們學習的成效（Nightingale, TeWiata, Toohey, Ryan, Hughes & Magin,1996），例如讓學生明白自己所學的對與錯。就改善所學而言，教師給予學生回饋能讓學生瞭解他們的現時學習情況和教師期望學生達致學習成果的差距。教師能提出改善的方法（Sadler，1989；Brown & Ngan，2010），回饋的內容應具方向性，積極引導學生學習得更好（Wiggins,1999；Irons，2008），減少學習差距（Black & William，1998a）。

　　從回饋的三項功能中，以改善所學的功能最能夠促進學習。回饋要達到改善所學，教師必先瞭解個別學生的「可能發展區」（Vygotsky1978），每位學生的學習能力和需要都不相同，在教學過程中，教師盡可能配合學生個別的認知能力提供回饋。他們必須瞭解學生在學習上的不足（learning gap），即是學生的現時學習情況和教師期望學生達致學習成果的差距。教師須因應學生的「可能發展區」向他們提供有關的學習線索作為回饋，例如給予學生提示、提問、在討論中讓他

們從中探索學習。在師生互動和溝通的過程中，教師給予學生的回饋就像為他們建構鷹架（Scaffolding），協助他們學習（Gallavan，2009）。學習表現不佳的學生，教師應提供補救的改善方法，發揮「填補差距」的功用（Black & William，2002）；學習表現較佳的學生，教師也應向他們提供提升能力的方向。因此，回饋不可千篇一律，教師必須因應學生的興趣、程度和能力而作出不同和多元化的回饋（Irons，2008）。

雖然很多研究指出回饋能在教學上發揮正面作用（Poulos & Mahony，2008；Burke，2009），但亦有研究認為給予學生回饋並不一定獲得預期效果。Kluger &DeNisi（1996）指出有三分一的研究顯示回饋能弱化學生表現，認為有回饋和沒有回饋，學生的表現分別不大。若只是告訴學習者的對與錯，是不能改善他們的學習。

二、口頭回饋

在日常課堂中，教師最常用的是口頭回饋，它能幫助教師為學生建構鷹架，協助生學習。所謂口頭回饋，是教師用說話告訴學生的學習成效，是教師和學生之間具建設性的對話（Callingham，2008），也可以是教師運用提問向個別或組別學生提供回饋（Johnson，2004）。教師可以因應學生的能力淺化或深化提問的內容（廖佩莉，2012），使學生從中思考和改善所學。羅耀珍（2008）則將口頭回饋分為：對全班的口頭回饋、對小組的口頭回饋和對個別學生的口頭回饋。無論是哪一類回饋，教師都可以即時給予提示或建議，同時讓學生有機會向教師查詢，使含糊的學習問題變得清晰，教師更容易跟進和解決學生的難題。

課程發展議會（2007，頁 65）指出在中文科「教師可採用口頭答問的形式，瞭解學生的學習情況。在教學過程中，即時向學生提問，瞭解他們對學習內容的理解，或在學習過程中遇到的困難，並給予適當的回饋」。鄺銳強（2010）指出中文教師在提問時設置不同層次的問題，並能就學生的表現提供合適而足夠的回饋，便能有效地優化語文學習。其實教師只停留在運用提問了解學生的困難，然後直接告訴他們成效是並不

足夠的，更重要是教師在給予學生回饋的過程中懂得再次運用提問，令學生從教師提問的線索中明白自己學習上不足的地方，並嘗試從回答中作出改善。

祝新華（2009）在《閱讀教學提問中的追問系統探討》一文，提出回饋的分類，現在根據他的說法把教師口頭回饋歸類和重整（見附件一）。附件一表列的右邊是祝新華提出的分類，他把語文科課堂上教師口頭回饋分為四類：判斷、賞評、陳述、繼續提問。他認為四項之中，「繼續提問」可再細分為四小類，即重問、轉問、改問、追問。祝新華根據追問的焦點，又可細分為下列各類：要求改善語言表達、要求聚焦地回答、要求有理據地回答、要求全面地回答、要求高層次地回答、要求評價答案和要求整合地回答。關於每一分類的解說，詳見附件一。祝新華（2009）確立了課堂提問的口頭回饋的系統。筆者根據祝新華（2009）的說法簡單地歸結為兩大類（見附件一，表列的左邊）：「教師主導的回饋和學生為本的回饋」。教師主導的回饋是教師直接對學生的答案作出回應，即是祝新華所言的判斷、賞評和陳述。對學生的回應，教師直接告訴他們對或錯，即「判斷」，具評估的功能；直接讚賞或批評他們的表現，可歸納為「賞評」，具鼓勵和引起學習動機的功能；教師對學生的回答直接作出補充或糾正，即「陳述」。這三類的回饋，大都是以教師為主導。學生為本的回饋是教師用提問方式對學生的作答作出回饋，指導學生作答的方向，包括祝新華所說的重問、轉問、改問、追問，其中的追問更能幫助教師了解學生的「可能發展區」，探討他們學習的困難，從以幫助他們設置鷹架，建構所學。學生為本的回饋具改善學生所學的功能，回饋是以學生為中心的。

三、相關語文教學研究

近年西方有關回饋與教學的研究，大多以回饋與學習英文為第二語言相關的論文為主（例如 Mackey，2006）。香港相關的研究並不多，Lee（2008）指出香港英文科教師給予學生的回饋大多是以教師為主導，

學生是被動的。過往有關中國語文科的課堂提問，都強調課堂提問和回饋的重要性（譚愛梅，1990；鄺銳強，2010），但卻未有具體數據說明回饋的方法。近年，張壽洪（2013）是根據祝新華（2009）在《閱讀教學提問中的追問系統探討》的體系中，從觀課中分析教師在中文閱讀課，教師所運用的回饋，研究指出香港中小學語文教師基本上是掌握運用回饋的策略。廖佩莉（2013）則發現一些弔詭現象，教師雖然認同回饋的重要性，但是教師卻不知道怎樣給予學生「有素質」的口頭回饋。張壽洪（2013）和廖佩莉（2013）都是以在職教師為研究對象，他們具豐富的中文教學經驗，都只能掌握運用基本的回饋的策略。至於有關以中文科準教師給予學生回饋的研究仍未見諸文獻。準教師給予學生的回饋能直接影響教學的效能，甚至是他們日後的教學素質和習慣，有鑑於此，本研究便嘗試在這方面進行探索的工作。

參、研究目的和方法

一、研究目的與問題

本研究的目的在探討準教師在實習時常在閱讀課堂上給予學生口頭回饋。具體而言，本研究以下列二個問題：

（1）小學中文科準教師在閱讀課堂上是如何給予學生口頭回饋？
（2）他們給予學生的口頭回饋有何不足的地方呢？
來瞭解他們給予學生口頭回饋的情況。

二、研究方法

本研究邀請二十位中文科準教師參與課堂錄像活動，讓兩位研究人員進入課室觀課和錄像，事後把課堂錄像轉譯為文字，藉課堂片段和文字稿進行分析。研究者根據祝新華（2009）在《閱讀教學提問中的追問系統探討》的歸類，設計記錄課堂上的口頭回饋活動分類統計表（見附

件二），然後根據錄像和文字記錄，統計和分析教師給予學生的回饋的做法。為了使研究獲得深入而準確的資料，本研究又邀請其中六位準教師作訪談，深入探討他們對給予學生回饋的想法。

（一）調查對象

研究小組以「立意抽樣」（Purposive Sampling）方式，邀請二十位修讀香港教育學院四年全日制小學榮譽教育學士四年級（2010-2014）的準教師參加，他們在 2013 年三月至五月期間到小學實習，研究計劃得到他們任教學校校長的同意，讓研究者進入課室參觀一節閱讀課和進行錄像。由於在中國語文課堂中，閱讀範疇佔用時間最多，因此選取閱讀課堂作分析。結果二十位準教師中，兩位任教一年級（10%），四位任教二年級（20%），五位任教三年級（25%），六位教四年級（30%），兩位任教五年級（10%），三位則任教六年級（5%）。他們任教不同的級別，具一定的代表性。至於訪談對象，也是以「立意抽樣」方式邀請其中六位參與課堂錄影的準教師。

（二）研究實施

1. 觀察表設計

兩位研究者根據祝新華《閱讀教學提問中的追問系統探討》一文的內容，設計「『記錄閱讀課上教師回饋』觀課表」（以下簡稱「觀課表」）。研究者在「觀課表」內還設有「其他」一項，以便能收納那些不屬於上述類型的課堂回饋形式。「觀課表」初稿完成後，兩位研究者首先在個人的日常視導工作中試行，每人共試行兩次，然後作討論，最後作出整合。

2. 觀課、錄像和課堂內容轉譯

研究者先請準教師提供課堂時間表，然後按照指定時間前往觀課和進行錄像。觀課前，研究者向他們派發說明本研究的內容和觀課的指引，並以口頭形式解說有關內容。研究助理會根據錄像材料把課堂過程和內容轉譯為文字，作為日後的分析。本研究引述各受訪者的課堂對

答，將以 T1、T2、T3、T4、T5……T20 為觀課準教師的代號；S1，S2，S3……為該班學生在的代號。

3. 量表填寫和分析

　　兩位研究者進入同一課室觀課，觀課時各自先行填寫的「觀課表」，由於時間有限，為恐研究者有所遺漏填寫資料，觀課後，兩位研究者再根據「課堂活動文字稿」和錄影資料，先行各自補充和修訂「觀課表」。完成後，兩人通過討論協調不同的見解，以提升量化分析基礎資料的信度。為深入了解兩位研究者填寫「觀課表」的一致性，本研究是計算 Cronbach α 係數用以審視數據的信度。α 係數越高，表示信度越好。一般而言，α 在 0.80 以上，則數據的信度可謂非常良好。本研究的 α 係數是 0.8556，這顯示量表的內部一致性之信度頗佳。

4. 訪談分析

　　本研究也採用訪談的方法，訪問六位準教師，訪問題目是開放式，訪談內容會錄音，然後將它轉譯文字，再作分析。訪談對本研究獲得深入而準確的資料大有幫助。本研究引述各受訪者的意見時，將以教 1、教 2、教 3、教 4、教 5、教 6 為六名受訪者的代號。

肆、結果及討論

一、準教師在閱讀課堂上給予學生口頭回饋：大多數使用教師主導的回饋，較少運用學生為本的回饋。

　　表一顯示研究發現超過七成（72.9%）的準教師會在閱讀課給予學生教師主導的回饋，包括判斷性回饋（36.8%）、賞評性回饋（23.8%）、陳述性回饋（12.3%）。不足三成準教師（27.1%）給予以學生為本的回饋，其中運用重問的只佔 1.6%，轉問的佔 6.3%、改問的只有 0.8%、追問的則有 17.2%，其他則佔 1.2% 而已。由此可見，大多數準教師給

予學生教師主導的回饋，較少運用學生為本的回饋。這種做法，有其優點和缺點。優點有二：一是教師主導的回饋能發揮 Berry（2008）所指回饋具評估功能和引發學習動機的功能。教師直接告訴學生對與錯，能即時評估學生的表現。同時教師也會因應學生的表現，直接給予批評和稱讚。備受讚賞和鼓勵的學生，自然對學習產生動力。二是教師能直接告訴學生的對與錯，教師可以即時補充學生的回答，學生很快接受了訊息，知道正確的答案。

但缺點是大多數教師給予學生的回饋是以教師為主導的，學生並未能從回饋的互動中建構所學。所謂「從回饋的互動中建構所學」是指教師運用學生為本回饋，例如教師可用轉問、追問、改問幫助學生改善所學，即 Berry（2008）所指的學習性的回饋，從師生答問中學習。從表一所見，只有兩成多的教師（27.1%）運用了以學生為本的回饋，教師發問後，對問題聽不清楚的學生，教師必須根據他們的回應，弄清楚他們是否明白題目內容，然後決定是否用重問，教師可用聲線強調問題的重點，以提示學生；或用轉問，教師向其他學生提問，希望借着其他學生的答案，幫助學習；或用改問，教師將提問深化或淺化，以配合個別學生的能力；或用追問，教師從學生的答案中認識他們回答的缺失，從而再發問，幫助學生進一步建構所學。

近年的課程改革的理念是「建構主義」，強調學習者不是純粹的訊息接收者。教師的角色是幫助學習者建構知識、概念和技能。教師給予學生的回饋主要是向學生提供有關的學習線索，透過學生的回應，給予提示、提問、讓他們從互動中探索學習，教師給予學生回饋是師生雙向溝通的橋樑，所以教師給予學生的回饋不應全是以教師為主導的。研究顯示準教師給予學生的回饋是教師主導的，較少運用學生為本的回饋，正好說明了未能配合現時課改強調的「建構主義」精神。

表一：準教師在中文閱讀課給予學生回饋的分類

回饋的分類	回饋的次數 （所占百分比）	舉例
教師主導的回饋	368（72.9%）	
判斷	186（36.8%）	T18：不錯！剛才我聽到有兩組讀得不錯。
賞評	120（23.8%）	T3：課文提及妹妹在做甚麼？ S3：妹妹彈奏一首美妙的歌曲 T3：很棒！
陳述	62（12.3%）	T1：課及中指出榴槤有甚麼吃法？ S1：生果，一般人當生果來吃。 T1：噢！也有些人會製成榴槤糕、榴槤乾 　　等等。 即是說還可以製成其他食品。
學生為本的回饋 繼續提問	137（27.1%）	
重問	8（1.6%）	T20：在安徒生《五顆豌豆》中，其他四顆豌 　　豆的遭遇是怎樣？ S20：它隨着一道牆壁的裂縫生長。 T20：在安徒生《五顆豌豆》中，其他四顆豌 　　豆的遭遇是怎樣？（教師特別用聲音 　　強調「其他四顆豌豆」這四個字） S20：第一顆掉在屋頂上，被太陽曬乾了； 　　第二顆被鴿子吞掉了……..
轉問	32（6.3%）	T5：天上的雲像甚麼？ S5：綿羊 T5：啟楠覺得像綿羊。其他同學覺得它像甚 　　麼呢？
改問	4（0.8%）	T2：甚麼是「三步並作兩步呀」？ S2：（～） T2：「三步並作兩步呀」是步行得快，還 　　是慢？ S2：行得快，因為兩步已代替三步。
追問	87（17.2%）	

要求改善語言表達	4 (0.8%)	S18：「月亮會打瞌睡」(讀錯「瞌」字，) T18：你可不可以清楚讀出「瞌」字？ S18：(正確地讀)「打瞌睡」。
要求聚焦地回答	5 (1%)	T16：有甚麼書是沒有益處的？ S16：漫畫。 T16：漫畫，為甚麼漫畫是沒有益處？ S16：打打殺殺那些。 T16：課文所指，是哪一類漫畫？ S16：暴力漫畫
要求有理據地回答	16 (3.2%)	T7：有些同學喜歡，有些同學不喜歡，但課文裏面的作者說他喜歡蘋果對嗎？ S7：對。 T7：課文中哪處描寫他喜歡蘋果？
要求全面地回答	50 (9.9%)	T4：文中怎樣描寫的獵犬呢？ S4：體形很大。 T4：除體形很大，還有甚麼也很大？ S4：很大的眼睛 T4：還有？ S4：棕色的毛。 T4：還有呢？
要求高層次回答	3 (0.6%)	T3：在《司馬光破缸救人》一文，你認為司馬光是個怎樣的人？ S3：勇敢 T3：除了勇敢，你覺得司馬光為人怎樣？ S3：臨危不亂
要求評價答案	7 (1.3%)	T19：其他同學覺得這兩組讀得怎麼樣？ S19：讀得很好，不過讀錯了一個字。 T19：讀錯了哪個字呀？ S19：讀錯了……

112

要求整合答案	2（0.4%）	T10：比喻句有何作用？ S10：文句活潑 S10：有趣 S10：內容豐富 S10：可啟發我們的想像力。 T10：各位同學已提出自己的意見。可否請一位元同學根據各同學提出的意見，總結一下比喻句的作用。
其他：補充學生 為本的回饋	6（1.2%）	
以錯激疑	1（0.2%）	T4：文中說：「小熊卡在天窗，動彈不得。」「卡」是指甚麼意思？ S4：（～） T4：「卡」是指「卡車」嗎？ S4：不是…… T4：小熊不在卡車。「卡」是指牠在甚麼地方，動彈不得？
要求重組已有知 識作答	5（1%）	T11：為甚麼有那麼多同學認為第三題的答案是「因為媽媽叫我到圖書館找答案。」？ S11：（～） T11：請留意第一段，媽媽有沒有叫到我去圖書館？媽媽只是叫我甚麼？ S11：叫我看書。 T11：媽媽只是叫我去看書，是誰決定到圖書館？ S11：我 T11：所以「因為媽媽叫我到圖書館找答案。」是錯的。
總次數 （百分比）	505 （100%）	

備註：T1，T2，T3……代表不同教師。S1，S2，S3……代表不同班別的學生。

　　在訪談中有六分之五的受訪者承認他們喜歡運用教師主導的回饋，以下是其中兩位受訪者的解說：

　　由於我是實習教師，要在特定的時間完成進度，所以我給學生的回饋最好能直接，為了省卻教學時間，我會直接告訴他們（學生）答案。（教 3）

　　我沒有教學經驗，不能即時引導學生作答得更好，於是我很自然地補充他答的不足的地方。（教 5）

上述兩位準教師正好說明他們較少運用學生為本的回饋，原因有二：一是他們認為運用學生為本的回饋是頗花時間的，影響教學進度；二是他們未能掌握運用以學生為本的回饋方法。他們的解說有值得商榷的地方。在課堂上有不少學生回應教師的提問是答錯的，這正是教學的好時機，準教師應多給予學生提示，幫助他們建構所學，並不應因為影響教學進度而輕視了這教學的好時機。

二、準教師給予學生的口頭回饋不足之處

1. 未能善用學生的回應，給予適當的回饋

　　研究發現很多準教師未能善用學生的回應，判斷的回饋和賞評的回饋只側重給予學生正面的鼓勵，但卻忽視指出學生錯誤的地方，或作批評。表一所見，雖然逾六成準教師（60.6%）有運用判斷的回饋（36.8%）和賞評的回饋（23.8%）。就 36.8% 判斷性回饋而言，33.6% 指出學生的回應是正確的，只有 3.2% 準教師指出學生錯誤的地方。同樣地，就 23.8% 賞評的回饋而言，有 22.9% 準教師給予學生回饋以稱讚學生的回應為主，只有不足一成的準教師（0.9%）會批評學生的回應。一般來說，在課堂上雖然很多學生會答對問題，但也有學生的答案是錯或是有些地方答得不完善，這時準教師應多給予學生提示，指出其不足之處。準教師較有信心肯定學生的答案，給予學生稱讚。就研究者所見，很多學生的回應是含糊和不完善的，準教師還是稱讚他們。準教師較欠缺信心否定學生的答案和給予學生批評。六位受訪者，有四位認為他們未能善用學生的回應作回饋，以下是其一位的解說：

學生的答案是錯，我不會批評他，理由很簡單，我不想傷害他們的自尊心，打擊他們的信心。若教高年級學生時，更要小心，他們的自我形象低，更要顧及他們的感受……加上我在課堂上根本沒有時間向每一位學生詳細解說他們的回應的表現，很多時我也不知道怎樣即時判斷學生的答案，他們哪方面出錯……（教 6）

由此可見，準教師沒有信心是可以理解的，原因有二：一是他們欠缺教學經驗，恐怕否定和批評學生的回應會傷害學生的信心；二是他們對自己的中文能力欠缺信心。中文是博大精深的學科，他們沒有信心即時指出學生不足之處。

就兩位研究者所見，如果學生答錯了，有 6.3% 的準教師的處理方法是不置可否，然後轉問其他學生，他們希望從不同學生的回應中找到正確答案，以下是其中一例：

T8：文中用了「肥肥的身軀，大大的眼睛」來形容小孩，有甚麼作用？

S8：是擴句。

T8：其他同學嘗試作答嗎？張同學。

S8：（～）

T8：那麼，王同學，請你試試吧！

上述教師的做法，優點是準教師可讓多些機會學生作答，但缺點是他們沒有判斷學生的對錯，加上在沒有教師進一步的補充和提示下，學生是較難作答的。教師可能問了很多學生，但學生仍找不到答案，最後由教師說出答案而已，這種做法，學生只知道答案，但對答案的理解是不深的。其實當學生答錯了或不懂回答時，準教師應好好把握機會給予學生適當的回饋。

雖然研究又發現大多數準教師給予學生稱讚或肯定他們的回應，但是他們較少說出具體值得讚賞的地方。例如：

T12：誰人懂得寫「燦爛」一詞？

（很多學生舉手，教師請其中一位學生在白板寫出「燦爛」一詞。）

T12：(學生寫完後，教師加上剔) 正確。

對於二年級學生，「燦爛」一詞是較難寫得好，所以當準教師肯定學生的寫法時，不妨說出「筆順正確，字體端正」等具體說明，讓學生明白被稱讚的地方。

又例如：

T10：文中用了排比句，有甚麼好處？

S1：容易記憶。

T10：是的，正確。

準教師已肯定學生的答案，但是沒有被邀請作答的學生，他們可能不明白為何會得到這個答案。準教師在肯定學生答案後，應給向他們解說排比句使人容易記得的原因，例如句子結構相同，讀起來容易琅琅上口。

雖然準教師是向個別回答問題的學生給予回饋，但他是向全班發問，全班學生也在思考答案。即使是沒有作答的學生，若果教師給予的口頭回饋，具體說明個別學生回答值得讚賞的地方，這些沒有作答的學生也明白為何會得到這個答案。教師在課堂上給予學生口頭回饋，除了個別學生得益外，其他學生在聆聽教師的解說或以提問作回饋也有得益。值得一提是，不是所有答對的學生都須教師具體說明。由於課堂時間有限，準教師只須可選擇一些突出的答案，加以解說。

2. 欠缺多元化的追問，未能促進學習

研究顯示準教師以追問方式給予學生回饋並不多，表一所見，只有不足兩成的準教師（18.4%）以追問方式給予學生回饋。其中「要求全面地回答」佔多數（9.9%），其次「要求有理據地回答」只有 3.2%。其他的只佔極少數，「要求改善語言表達」(0.8%)、「要求聚焦地回答」(1%)、「要求高層次回答」(0.6%)、「要求評價答案」(1.3%)、「要求整合答案」(0.4%)、「以錯激疑」(0.2%)、「要求重組已有知識作答」(1%)。以下是教師「要求學生全面地回答」的例子：

T13：文中怎樣描寫母親？

S13：溫柔。

T13：對。作者患病時，她很溫柔照顧。還有呢？

S13：作者小時候打破花瓶，她會嚴厲責罰他。

T13：還有呢？

　　當學生的回答不完整時，教師應運用「追問」要求學生全面地回答。這種做法的優點是學生能從教師的追問中，回答得更全面。但是若準教師只集中運用「要求學生全面地回答」，則追問形式過於單調。如果準教師要求學生全面地回答的同時，未能瞭解個別學生的「可能發展區」從而提供有關的學習線索，只是常用「還有呢？」希望學生答得更全面，則未能促進學習。至於「要求有理據地回答」的例子如下：

T2：在《清明》一詩，作者的心情如何？

S2：不開心。

T2：是啊！詩中哪些景象顯示作者很不開心呢？

　　教師認為學生的答案是「不開心」是不足夠的，於是要求學生有理據地回答，追問他們在文中找出例證，「詩中描寫的哪些景象顯示作者很不開心呢？」。這是很得當的做法，教師認為學生的能力還可以答得更好，於是教師向他們繼續追問，從追問中要求他們在文中找出例證，啟發他們的思考。

　　可惜研究發現上述「要求有理據地回答」的追問並不多，研究指出準教師欠缺給予學生多元化的追問，例如「要求改善語言表達」、「要求聚焦地回答」、「要求高層次回答」、「要求評價答案」、「要求整合答案」、「以錯激疑」、「要求重組已有知識作答」等。只有少數準教師運用了「以錯激疑」、「要求重組已有知識作答」，但就研究者觀察，這兩種追問的學習效能相當不錯。學習效能這概念起源自班杜拉的自我效能感的理論。他解釋自我效能感是指人們對自己順利完成學習的行為能力的信念。當人確信自己有能力進行某一活動，他就會產生高度的自我效能感（繆小春、李凌、井世洁、張小林，2003）。當教師運用「以錯激疑」和

「要求重組已有知識作答」的追問時，學生是較容易作出回應，令他們相信自己是有能力作答的，這份信心能提升他們自我效能感，有助他們的學習。

另外，準教師未能因應學生能力繼續追問，原因很簡單，全部六位受訪者都表示他們不知道如何追問學生。其中一位表示：

我（準教師）沒有學習追問的理論和種類，我曾學過提問技巧而已……我對追問的認識並不深。（教4）

其實提問和追問是有分別的，提問是指教師向學生發問。追問是指學生作答後，教師根據他們的回應再提出問題，目的是用提問幫助他們思考，建構所學。

伍、總結及建議

面對全球化的「促進學生的評估」的教育改革趨勢，要提升學習效能，教師給予學生的回饋是很重要的。因為教師給予回饋能給予學生認識清楚自己的學習，從回饋中能建構所學，彌補學生的學習差距，促進學習。

本研究發現大部分準教師會在閱讀運用教師主導的回饋，包括判斷性回饋、賞評性回饋、陳述性回饋，但他們較少運用以學生為本的回饋，例如：重問、轉問、改問和追問等。大多數準教師給予學生直接回饋，以教師為主導的，這與Lee（2008）在英文科的研究成果很相似。令人擔心是，本研究又發現準教師給予學生的口頭回饋有其缺失的地方：未能善用學生的回應，給予適當的回饋；欠缺多元化的追問，學生並未能從回饋的互動中建構和思考所學，配合「促進學生的評估」精神。有研究指出現時很多教師不知道怎樣給予學生「有素質的」口頭回饋（廖佩莉，2013）。本研究認為準教師應改善教師主導和學生為本的回饋，幫助優化追問的內容，促進學習。因此加強教師在這方面的培訓是必須的。以下是一些建議：

一、改善教師主導的回饋、善用學生為本的回饋

改善教師主導的回饋：

雖然研究發現大多數準教師給予學生教師主導的回饋，懂得運用「判斷」和「賞評」的回饋，但絕大多數「判斷」和「賞評」的回饋都沒有解說。準教師應該選擇一些特別回答得好的答案，請學生自行解說其原因。目的是讓其他沒有機會答問題的學生也明白被稱讚的原因，從而促進學習。在表一中「賞評」的例子：

T3：課文提及妹妹在做甚麼？

S3：妹妹彈奏一首美妙的歌曲

T3：很棒！

雖然準教師有稱讚這位學生，但對小一學生而言，他們習慣用單詞或片語回答教師的問題，但例子中的學生能用完整句子作答，是很多小一學生要學習的地方，所以準教師可以補充一句「他能用完整句子作答，很了不起！」，其他學生也從中學習要用完整句子作答。

對於答錯或不知道怎樣回答的學生，教師甚至需要對學生作出批評，準教師可採用「合併行動形式」（Paired Act Pattern）來給予學生評語。Hyland, Fiona & Ken Hyland（2006）建議的「合併行動形式」，是用為讚賞和批評（praise-criticism）、批評和提議（criticism- suggestion）、讚賞、批評和提議（praise-criticism-suggestion triad）等方法，以減少學生對負面評語產生的誤解和產生不快。Hyland, Fiona & Ken Hyland（2006）還建議教師採用一些禮貌用詞和提問方式提出意見。例如教師可多運用「可以」、「請你」、「若能……」、「或許」、「如果」等詞語給予學生回饋。正如上面的例子，教師問：「課文提及妹妹在做甚麼？」若學生的答案是「妹妹在歌唱。」學生的答案是錯的，答案應是「妹妹彈奏一首美妙的歌曲」。教師可以這樣回應：「不是在歌唱，但答案也很接近，請你留意第二段，也許會找到提示。」教師提議他們要留意第二段，是因為答案就在第二段。所以教師要批評或肯定學生答案的同時，必須對學生有些鼓

勵，而且要有禮地提出建議，以改善和糾正學生的答案，以達到學習性回饋的功能。

善用學生為本的回饋：

研究指出準教師發問後，較少運用學生為本的回饋。其實學生為本的回饋是指重問、轉問、改問、追問。針對學生答錯的原因，準教師要弄清楚學生遇到的學習上的困難，他們須運用提問（重問、轉問、改問、追問）認識清楚和尋找學生問題的所在，為他們設置鷹架，幫助學生學習。例如在表一中教師運用了「重問」：

T20：在安徒生《五顆豌豆》中，其他四顆豌豆的遭遇是怎樣？

S20：它隨着一道牆壁的裂縫生長。

T20：在安徒生《五顆豌豆》中，其他四顆豌豆的遭遇是怎樣？（特別強調「其他四顆豌豆」）

S20：第一顆掉在屋頂上，被太陽曬乾了；第二顆被鴿子吞掉了……

雖然準教師第一次發問後，學生也有作答，但是答錯了，他們必須弄清楚為何學生答錯。當準教師明白學生是聽錯了，提問的重點分不清楚，所以答了《五顆豌豆》主角的遭遇，學生可能是一時聽不清楚，所以教師在第二次發問時，教師特別用了「重問」強調用重音說出「其他四顆豌豆」，暗示學生要特別注意題目的重點。但若是教師要求程度較差的學生作答，教師可能要用「追問」方式給予學生回饋，將問題淺化。例如「在安徒生《五顆豌豆》中，第一顆豌豆到了哪裏去？「第一顆豌豆到了哪裏去？」「第二顆豌豆到了哪裏去？」「第三顆豌豆到了哪裏去？」如此類推其目的是逐步說明學生從不同的短問題中建構所學。研究建議準教師應多運用學生為本的回饋，了解學生學習上的困難，善用不同的回饋：重問、轉問、改問、追問方式，讓他們從中獲得提示，刺激思考，學生自行糾正錯誤。

二、 優化追問的內容作回饋，填補學習差距

「追問」是教師給予學生回饋重要的一環。教師運用提問，從學生的回應瞭解他們的程度，尤其是教師對學生預期的學習成果和他們的實際能力，認識學生在學習上的不足，探究學生個別的「可能發展區」，從而在「追問」中積極引導學生，減少學習差距。由於每位學生的能力是有分別的，所以教師在「追問」過程中，必須照顧個別差異。本研究指出教師欠缺多元化的追問，未能就個別學生的能力在追問中給予他們引導。「優化追問的內容」就是指因應學生的能力，提供多元化的追問，以配合學生不同的需要，填補他們學習差距。例如對於一些語言表達較弱的學生，教師可多採用「要求改善語言表達」的追問；對於一些理解能力不聚焦的學生，教師可多運用「要求聚焦地回答」的追問；對於一些語文理解能力高的學生，教師可給予他們「要求高層次回答」和「要求評價答案」的追問；對於一些語文綜合能力較弱的學生，教師可運用「要求整合答案」的追問。換言之，教師可從追問中向學生提供線索，這些線索是因應學生不同的需要而提供的回饋。

另外，本研究發現「以錯激疑」，「要求重組已有知識」（見表一「其他」一項）是有效的回饋。「要求重組已有知識」是優化追問的內容重要的一環，原因是：當教師對學生預期的學習成果和他們實際的能力有所認識，了能他們學習上的不足，便要和他們進行填補工作。教師幫助他們重組已有知識是必要的，這類追問是有助他們從已有知識中建構所學。在表一的「要求重組已有知識」的例子中，教師明白學生是閱讀不小心，所以答錯「因為媽媽叫我到圖書館找答案。」其實他們沒有細閱第一段，所以教師繼續追問，和他們重溫和鞏固第一段內容，從而幫助他們找出正確答案。本研究建議準教師應多運用「以錯激疑」，「要求重組已有知識」加強學生的思考和鞏固已有知識，填補學習差距，從而建構新知識。

三、加強準教師的培訓，增加交流、觀課和反思的機會

　　香港現時教師培訓機構很多有「課室語言理論和實踐」這單元，但內容側重教師課堂教學的語言運用：導入語、講授語、提問語、應變語和結束語等，忽略了準教師怎樣給予學生口頭回饋。本研究發現準教師給予學生口頭回饋有不足的地方，希望能得到教師培訓機構和大專院校正視這問題，可在「課室語言理論和實踐」單元應加入「如何給予學生口頭回饋」這課題，內容包括：重問、轉問、改問和追問，尤其是如何追問。其實這些課題較難教的，因為要根據學生實際的回應作出再提問，所以準教師除了認識回饋的理論外，實踐也很重要，即是學習從學生的回答中加以追問，在追問的過程，給予學生線索作回饋，幫助他們建構所學和彌補學習的不足。研究建議準教師在實習期間，應增加他們互相交流、觀課和反思的機會。只有在實際的教學環境中，從師生的互動中，準教師才能真正從學生的回應中給予口頭回饋。同時在觀課的過程中，他們可以從別人的教學中學習如何給予回饋，學習如何在給予學生回饋中提供具建設性的指引或提問，讓學生明白如何改進。

　　本研究有其局限，觀課的資料只有二十堂的閱讀課。研究僅就準教師的回饋分類與不足之處加以討論，卻未能探究不同回饋對學習效能的影響。研究者期望未來的研究能在這方面加以探討。研究又可收集更多觀課的資料，探討中文科準教師在說話課，和學生小組討論時給予他們的口頭回饋。同時也希望收集準教師為學生撰寫的作文評語，探討他們給予學生書面回饋的成效。

參考文獻

香港課程發展議會（2002）。**基礎教育指引—各盡所能，發展所長**。香港：政府印務局。

祝新華（2009）。閱讀教學提問中的追問系統探討。**中國語文通訊**，第 85-86 期（合刊），頁 3-13。

張壽洪（2013）。課堂提問的回饋：以語文科閱讀課為基礎的探索。見王家倫，何文勝（2013），**深化語文教育改革的思考與實踐**，(142-159)，南京，中國，東南大學出版社。

廖佩莉（2012）。從香港中國語文科課程的目標和評估趨勢析論中文科教師給予學生的回饋。**教育研究月刊**，215，頁 122-133。

廖佩莉（2013）。香港中國語文教師對於給予學生 " 回饋 " 的認識與實施現況之研究。**教育研究與發展期刊**，9(2)，65-90。

課程發展議會、香港考試及評核局（2007）。**中國語文課程及評估指引（中四至中六）**，香港，中國，香港特別行政區。

繆小春、李凌、井世洁、張小林（2003）。**自我效能：控制的實施（上）**，上海，中國，華東師範大學出版社。

鄺銳強（2010）。優化語文學習的課堂提問策略。見唐秀玲等編（2010）**優化語文學習的評估：理論與實踐**，香港，中國，香港教育學院中文學系，43-70。

譚愛梅（1990）。**讀書教學提問技巧**，香港，中國，教育署語文教育學院。

羅耀珍（2008）。**促進學習的評估**，香港，中國，香港大學出版社。

Berry, R. (2008.) *Assessment for learning,* Hong Kong: Hong Kong University Press,

Black, P. and William, D. (1998) Assessment and classroom learning, *Assessment in Education,* 5 (1),7-74.

Black, P. &Wiliam, D. 著 , 教育署課程發展處譯 (2002) 。暗箱內探透過課堂評估提高學習水準 , 香港 , 中國 , 香港特別行政區。

Black, P. & William, D. (1999). Assessment for Learning: Beyond the Black Box, Cambridge, Assessment Reform Group, University of Cambridge, pamphlet371.26 ASS. Retrieved from www.assessment-reform-group.org.uk/.AssessInsides.pdf,

Brown, G., Ngan, M. Y. (2010). *Contemporary Educational Assessment.* Hong Kong: Pearson.

Burke, D. (2009). Strategies for using feedback students bring to higher education, *Assessment & Evaluation in Higher Education,* 34 (1),.41-50.

Callingham, R. (2008). Dialogue and Feedback. *Assessment in the primary Mathematics Classroom, APMC,* 13 (3),18-21

Gallavan, N. P. (2009). Developing *Performance-Based Assessment.* Thousand Oaks, CA: Crown Press.

Hattie, J. A., (1987). Identifying the salient facets of a model of student learning: a synthesis of meta-analyses, *International Journal of Educational Research,* 11, pp.187-212.

Hyland, K. and Hyland, F. (2006). Context and issues in feedback on L2 writing: An introduction. In Hyland, K. and Hyland, F. (Eds.). *Feedback in Second Language writing: context and issues,* New York, NY: Cambridge University Press.

Irons, A. (2008). *Enhancing Learning through Formative Assessment andFeedback,* London, England: Routledge.

Johnson, P. H. (2004). *Choice words: How our language affects children's learning.* Portland, ME: Stenhouse.

Kluger, A. N. &DeNisi,A. (1996). The effect of feedback interventions on performance: A historical review, a meta-analysis, and a preliminary feedback intervention theory. *Psychological Bulletin,* 119,254-284.

Koopmans, M. (2009). *Feedback Mastering the Art of Giving and Receiving Feedback,* Singapore: Publisher of Schouten Global.

Lee, I. (2008). Student Reactions to Teacher Feedback: Hong Kong Secondary Classrooms, *Journal of Second Language Writing,* 17 (3),21-32.

Mackey, A. (2006). Feedback, Noticing and instructed Second Language Learning. *Applied Linguistics,* 27 (3),405-430.

Nightingale, P., TeWiata, I., Toohey, S., Ryan, G., Hughes, C., and Magin, D. (1996). *Assessing learning in Universities,* Sydney, Australia: University of New South Wales.

Poulos, A &Mathony, M. J. (2008). Effectiveness of feedback: The students'perspective. *Assessment & Evaluation in Higher Education,* 33 (2),143-154.

Sadler, R. (2008). Formative assessment and improvement of academic learning, *Journal of Higher Education,* 54,1998,60-79.

Sadler, D. (1989). Formative assessment and the design of instructional systems, *Instructional Science,* 18,119-44.

Vygotsky, L. S. (1978). *Mind in Society,* Cambridge, England: Harvard University Press.

Wiggins, G. (1999). *Feedback,* Pennington, NJ: CLASS Publisher.

Yorke, M. (2003). Formative assessment in higher education: moves towards theory and the enhancement of pedagogic practice, *Higher Education,* 45,477-501.

附件一

「回饋」的分類

教師主導和學生為本的回饋 **	祝新華提出中國語文科的回饋與追問系統的分類 *	
教師主導的回饋	肯定的讚賞	指出學生回答得對 / 表現佳。例如：不錯，答得好……
	負面的批評	指出學生回答得不對 / 表現差。例如：不對，答得很差……
	判斷	指出學生回答的對錯或優劣。
	陳述	教師對學生回答作出補充或糾正。
學生為本的回饋	重問	教師把問題重複一次
	轉問	教師向其他學生提問
	改問	教師調整題目的表述方式，再次提問
	追問	據學生答案的缺失和不足，教師提出進一步的問題，引導學生論證、重整和深化答案，
	要求改善語言表達	教師要求學生回答 A，學生答對了內容，但語言表述欠妥，教師要求學生改善語言表述。
	要求聚焦地回答	教師要求學生回答 A，學生答案過於籠統（涉及 A），教師要求學生更清楚，更準確回答。
	要求有理據地回答	教師要求學生回答 A，學生給了適當觀點（涉及 A），但欠論據或論述，教師要求學生補充信息或進行議論。
	要求全面地回答	教師要求學生回答 A 和 B，學生只答到一部分（A 或 B），即回答片面，教師要求學生補充完整（分別是 B 或 A）。
	要求高層次回答	教師要求學生回答 A，學生作了低層次的回答（是 A 的淺層信息），教師要求學生在更高的思維層次回答。
	要求評價答案	教師要求學生回答 A，某個學生或幾個學生作了回答（與 A 有關、部分有關或無關），教師要求學生評價答案的正誤、優劣等，並給出理由。
	要求整合答案	教師要求學生回答 A，學生甲、乙、丙作了回答，但沒有一位學生全對，若干答案可互為補足，教師要求學生丁歸納完整答案。

* 註：載於祝新華（2009）。閱讀教學提問中的追問系統探討。《中國語文通訊》，85-86，頁 11-12。

** 註：廖佩莉根據祝新華（2009）的回饋與追問系統的分類，歸納為教師主導的回饋和學生主導的回饋。

附件二

記錄教師給予學生回饋的觀課表

回饋的分類	回饋的次數	舉例／備註
教師主導的回饋		
判斷		
賞評（讚賞和批評）		
陳述		
學生為本的回饋		
繼續提問		
重問		
轉問		
改問		
追問		
要求改善語言表達		
要求聚焦地回答		
要求有理據地回答		
要求全面地回答		
要求高層次地回答		
要求評價答案		
要求整合地回答		
其他		

（轉載自廖佩莉（2015）：香港小學中文科準教師在閱讀課堂上給予學生口頭回饋的研究，《教育研究與發展期刊》，11(1)，33-56。）

第四章
多元化的學習檔案

很多人認為學習檔案只是一個檔案夾,沒有生命力,只是收集學生的學習顯証而已。其實組織學習檔案的過程是人性化,學生須得到教師、同學、家長的意見和支持,同時從反思中學習。

中國語文科學習檔案的四個甚麼

　　近年的教育改革，強調多元化的學習和評估，很多國家例如美國、澳洲都採用了學習檔案來全面評估學生的能力。這種源於西方國家提倡的學習檔案，應用到香港的教改中，令很多教師都覺得對此認識不深。根據香港教育學院的一項研究，只有 21% 的教師對學習檔案有充分的認識（廖佩莉，2007）。很多教師都不明白為學生建立學習檔案的深層意義，認為此類檔案只是用來收集和記錄學生的表現而已。久而久之，檔案便變成了流水帳式為收集而收集，為記錄而記錄的檔袋罷了。教師對學習檔案認識不深是可以理解的，學習檔案的定義和分類繁多，實令人眼花撩亂。本文旨在說明中國語文科學習檔案的四個甚麼：是甚麼？為甚麼？甚麼人？怎麼樣？希望加深教師對學習檔案的認識，從而啟發他們說明學生建立學習檔案。本文節錄筆者在二零零九年出席香港考試及評核局舉辦的「評核認知專題課程」主講嘉賓的演講辭。

一、 甚麼是學習檔案？

　　學習檔案是來自英文的 portfolio, port 有類似 portable 的意思，指可攜帶的；folio 指紙張，意思是將個人作品放在文件夾或公事包內，方便攜帶和收藏，以便與人分享他們個努力工作的成果。最初是藝術家，攝影家用文件夾來收集自己的藝術作品和攝影圖片。早在 80 年代西方教育界認為傳統紙筆考試並未能全面真實反映學生的學習表現，因而提出用學習檔案來記錄學生學習的實況。

　　學習檔案有很多不同的名稱，它可稱為「功課樣本夾」、「歷程檔案評量」、「作品集項評量」、「檔案評量」、「宗卷評量」、「成長記錄袋」、「進程檔案」、「檔案袋」等。雖然學習檔案名稱繁多，定義也很多，但可歸結為：有目的地收集學生的作品，記載和反映學生的學習情況。它是一

本學生學習的成長史，是學生在老師的指導下，根據標準，把一段時期內的學習產品編輯、反思、整理而成的一個集合體（Cole，2000）。這些資料可用作評估學生學習的依據，更重要的是學生在建構檔案的過程中，其實也是一個學習歷程，因此本文用學習檔案一詞。學習檔案是一種具彈性的學習和評估工具。

由於學習檔案有很多不同的名稱，加上沒有特定的形式，故分類亦多樣化，如檔案可分為「成果檔案、過程檔案」（Cole，2000）。更可將學習檔案詳分為「成果檔案、過程檔案和成果和過程檔案」。成果檔案主要是展示學生完成的佳作；過程檔案是展示學生學習過程不同的作品；成果和過程檔案則包含學生學習過程和完成的作品。

檔案項目	成果檔案	過程檔案	成果和過程檔案
目的	展示學生完成的佳作。	展示學生在學習過程中的作品。	展示學生完成和學習過程的作品。
優點	容易處理。 學生對自己的佳作作反思。	學生在建構過程中學習。 學生在學習過程中反思自己所學。	學生對自己的作品和學習過程作全面反思。
缺點	不能看出自己學習的進程。	處理學生的學習過程是較困難的。	設計頗花心思和時間。

上述三類學習檔案各有優劣，教師如何選擇，則要視乎他們為學生建立學習檔案的目的。如果教師只想收集學生的佳作，選擇他們最高分的作品，那麼，教師可為學生建立成果檔案。如果教師想多瞭解學生的學習過程，幫助和鼓勵學生學習，那麼選取過程檔案便較適合。若教師有充裕時間處理學習檔案，他們可選擇成果和過程檔案。

二、為甚麼教師要為學生建立學習檔案？

香港教育界提出為學生建立檔案，除了傳統紙筆考試並未能全面真實反映學生的學習表現外，可歸結為兩個重要的原因：

（一）現時課程改革學習理念與現行評估模式的矛盾

近年世界各國進行課程改革，其理念包括建構主義（Constructivism）和後現代教育（Postmodern Education）。建構主義是二十世紀八十年代末興起的一種理論，源于六十年代初皮亞傑（Piaget）的認知發展理論，及其後發展的維果斯基（Vygotsky）的社會心理學理論。建構主義並不是行為主義所指的學習是通過強化建立刺激與反應之間的關係，學習只看作是對外部刺激所做出的反應。知識是不斷通過人的經歷和探索去發現和建構，知識是不斷更新的。既然知識不是既定的，那麼學習是需要學習者建構而成的，在建構的過程中學習者要以自己的已有知識為基礎作出主動探索。所以學生的學習並不是被動的，也不是純粹的訊息接收。學生須與周圍環境產生交互作用，因此與他人溝通對學習有着重要的意義！教師不再是單向的講授者，相反，他們要創設學習環境和情境以協助學生建構所學；他們也是促進學生主動建構學習的指導者。學生須主動學習，成為尋求知識的探索者，而不是被灌輸知識的對象。

近年課程改革的另一方向是強調「後現代教育」，所謂「後現代教育」是相對「現代教育」而言。「現代教育」的體制始於工業革命，革命帶來了社會政治、經濟、生活和教育的重大變化。就教育而言，教育就像工業生產，把學生編入各個班級，為他們開設統一課程，採用灌輸式和啟發式的教學法，期望他們獲得知識，並用統一考試來評估他們所學。「後現代教育」對「現代教育」的理念提出質疑。「後現代教育」着重培養學生的適應能力、責任感、靈活性和與他人共同工作的能力。「後現代教育」打破劃一化的現代教育，強調自主的、個人化的學習。每個人都是自己學習的主人，對自己的學習發表意見，自行建構和評價所學，對學習更要付上責任。雖然「後現代教育」強調個人化的學習，但是也非常重視學習者與他人溝通和共事的機會。這些機會能令學習者靈活地從別人身上學習，建構所學。

香港近十多年的中國語文科課程改革都是強調學生為本的建構主義和後現代教育，再不是以教師為主導的單一教學。學習者必須親身體

驗學習的過程，才容易令所學知識內化和進行能力遷移。最有效的教學是教師以學生為學習的主角（香港課程發展議會，2004）。雖然學習理念在轉變，但是現行評估模式卻變化不大。現行中國語文評估模式是以紙筆測試為主，先教後評估，教師教完課程後，然後給學生習作、寫作練習、默書和紙筆測驗。這些測試無疑能提供客觀準則，例如分數和等級，顯示學生的表現，這種評估模式有其優點。可惜，學生在評估過程中是較被動的，評估方式是靜態的，學生在建構知識過程中未能參與評估的活動。因此，怎樣配合教改學習理念的轉變，評估模式怎樣作相應的改變，是當前中國語文教學的一個重要研究課題。

中國語文科學習是以建構主義為基礎，那麼一個開放自由的學習環境是必要的，學生須主動參與學習。學生在課堂上或課外參與的活動是他們建構學習和評估他們表現的重要部分！為學生建立學習檔案，目的是記錄他們的學習，若教師只表面引進學生學習檔案到傳統教室，教師只是籠統地收集學生操練式的練習和作業，只求填滿檔案，那麼，這便完全不符建構主義的理念。而「後現代教育」是很注重個人化和協作的教育理念。每個學生學習的快慢不同，學習的能力有異，逐令每個學生有其獨突性。檔案是學習者個人化的學習紀錄，他們在學習中反思和評價所學，每個反思是有其靈魂和個性的，沒有一個學習檔案所搜集的顯證和反思是相同的。學習檔案可在當前課改的理念中發揮積極和推動的作用。

（二）學習檔案可說明實踐課改強調的「促進學習的評估」

二零零零年香港課程發展議會提出的「促進學習的評估」是指評估是學習和教學的整個過程中，不可分割的一部分，而不是在結束教學時另外進行的工作。評估有助學生學會學習，它是基於每個學生都可改進的信念。因此評估並不單是評估學生表現（結果）的表層意義，而是為改進學生學習的深層意義。它應是用來改善和促進學習，以體現教學是為了提升學習能力的目標（香港課程發展議會，2004）。要改進學生學習，在學習過程中為學生提供回饋和鼓勵是其中一個重要環節，這與人

性化學習評估有密切的關係。

　　學習評估的本質有兩種不同的假設：理性化的學習評估和人性化的學習評估。所謂理性化的評估是評定學生的能力，側重學生的學習成果，學生學習的內容就是指定的評定範圍。評估有既定的標準答案或指針，教師當然是主要的評價者，很注著測考的信度和效度。相反，人性化的評估並不一定要注重學生學習成果和所得分數，而是關注學生的學習過程和他們的進步，所以在過程中必須給予學生適切的回饋。教師再也不是唯一的評價者，學生自我的反思和家長、同儕所給的回饋也是很重要的。值得注意的是在評估的過程中，他們的回饋以激勵學生學習為主。

　　學生在建構學習檔案的過程中可以是理性化的評估，也可以是人性化的評估，甚至是兩者的結合。若檔案有明確的評分標準和達標的準則，它便具備了理性化評估的精神，但更值得關注的是學生在建構學習的過程中，正是需要人性化學習的評估。學生必須根據學習檔案的目的，收集自己的作品（顯證），例如功課樣本，課堂活動的表現樣本，以證明自己所學，並且寫上反思，分析自己學習的優點和缺點。教師可協助學生建立學習檔案的過程中給予學生鼓勵和回饋，啟發他們對學習的反思。學習檔案內藏有不同類型的評語，包括教師對學生的評語、學生的自評，同儕的互評和家長對子女的評語，這些評語有助對學生學習多加肯定、鼓勵、表揚。更重要的是教師能全面瞭解學生的學習情況，對學生可多加指導和激勵，甚至可從學生的反思中瞭解學生的情意態度發展，這是理性化評估較難做到的。

三、甚麼人查閱學生的學習檔案？

　　在傳統的紙筆測考中，教師是主要評估學生的人物，教師會在正確答案上打勾，從而評估學生能否瞭解和掌握所學。學習檔案不只要教師批閱，學生、同儕和家長亦可從顯證中評估學生的表現。教師在學習檔案所訂的標準和所寫的評估，使學生更能掌握教師的要求，從而改善學

習。學生的自評可幫助他們反思自己的表現。學生在同儕互評的過程中，可促進學生的批判思維能力，從而提升學習水準。家長常為子女檢視自己孩子的作品，不但有助他們瞭解孩子的學習情況，而且可以增加親子溝通的機會。有了教師、學生和家長的參與和幫助，學生清楚明白自己學習的優點和不足的地方。學生在建立檔案的過程中，教師、同儕和家長，都能協助學生建構所學。

四、學習檔案是怎麼樣？

　　教師為學生建立檔案的目的是為他們的學習留下見證，教師在課程設計上必須幫助學生建構所學。以下是其中一個小學四年級學生寫作檔案的示例，教師採用多方面活動，使學生將經歷寫成遊記，檔案內收集學生學習寫作過程的作品。教師期望學生運用觀察力，步移法，用多感官描寫，比喻法、擬人法來寫遊記，學生也能從敘事及描寫中抒發自己的感受。設立檔案的目的是收集學生親身遊歷後所寫下的遊記作品。

　　學生的作品可分為五個階段（見下表），第一階段是教師帶領學生遊校園，指導他們觀察校園環境而填寫流程圖和進行初步寫作，這階段教師不給分，但會給學生口頭評估，學生在自評和互評中也獲得這次寫作的意見。第二階段學校請家長自行帶領學生遊區內公園，學生自行寫遊記，教師在活動前教導他們用步移法和多感官水描寫，在自評和互評的量表中明確顯示這些培養重點。第三階段學校安排學生遊香港的動植物公園，希望他們能運用觀察力、步移法、多感官、多角度描寫來寫遊記。這階段的學習重點也增加了，采甲螺旋式的學習來提升學生的能力。第四階段是自由題，學生須檢視過往作品，分析自己表現較理想的項目和不足之處，然後自選題目「遊 XXX」，這階段主要是強化寫作遊記的能力。第五階段是照顧個別差異，教師在第四階段評分後，學生可自行選擇寫遊記，成績較弱，教師可根據學生寫遊記的弱點作輔導，成績較佳和一般程度的學生，則鼓勵他們自發寫作遊記。

寫作計劃

	題目	學習重點	評語模式
第一階段	遊校園	觀察能力流程圖 視覺描寫、聽覺描寫	自評 互評 教師評語
第二階段	遊公園	觀察能力步移法 多感官描寫	自評 互評 家長評語
第三階段	遊動植物公園	觀察能力 步移法 多感官、多角度描寫 比喻、擬人法 抒發情感	自評 互評 家長評語 教師針對培養重點作出評核
第四階段	自由題	學生檢視過往作品，選出自己表現較理想的項目和不足之處，多運用於是次寫作中，強化該能力。	自評 互評 家長評語 教師評分
第五階段	自由題	自發寫作的習慣	自評 互評 家長評語 教師評語

以上的案例，每個學生在這單元「寫遊記」共有四或五篇的文章放在檔案內，教師實花了不少時間檢視學生檔案，給予回饋。為了能達致學習檔案的成效，設計必須注意下列特點：

(一) 課程、教學活動與評估有機地結合

許多教育工作者發現使用學習檔案改變了整個教學與評估的原貌（鄭英耀，蔡佩玲（譯）（2000）傳統的課程設計課程和活動，在單元完結後才進行評估。學習檔案能有效地將教學和評估活動結合起來，教師首先要設計單元，在活動中評估學生所學。教師應多設計以學生為中心的課堂活動，鼓勵學生就學習活動收集學習例證，教師從活動中評估學

生的學習。教師寓評估于整個教學過程中，教學和評估不再分割。其次教師應預留時間給學生解說如向組織學習檔案及其目的，同時也應安排時間讓學生整理學習檔案和寫上反思，進行同儕互評。教師必須明白組織檔案變成了教學時間的一部分，亦是學生學習過程的一部分。

(二) 收集、反思與規劃三個階段的互相配合

學習檔案的發展過程包括收集、反省與規劃三個階段。首先教師要明確告訴學生收集例證的目的，學習檔案必須根據教學目的搜集學生作品樣本，否則很容易變成收集一大堆學生的作品。若學生明白收集例證的目的和學習重點，他們便能清楚所學，更明瞭教師要求。反思是檔案的重要部分，雖然學生未必懂得反思，但是教師需要幫助他們反省，例如可設計簡單的表格，使學生清楚明白評量的標準，和引導學生思考他們那方面有進步，那方面仍需努力，從而計劃自己的學習。同時教師也須懂得從學生的學習檔案中，分析學生的表現。學習檔案是收集學生的作品，而這些作品是經由發展過程而產生，學生的發展過程是學習成功與否的關鍵。學生的學習例證正好給教師卡教學的檢討，從而前瞻未來，規劃課程，調整教學目標，配合學生的需要，促進學生的學習。

中國傳統的語文評估強調紙筆測試，雖能客觀和公平的測試學生的語文能力，亦能達到篩選和診斷學生能力的目的，和教師主宰了評估，但是這種評估模式過分強調終結性評價，導致評估的發展性功能難以充份地發揮出來（趙德成，徐芬，2002）。學習檔案正好彌補這方面的缺失，它強調為學生的學習留下見證，為總結性評估作準備，它亦是教師，家長和同儕為學習者打氣的好機會。因此，傳統語文評估和學習檔案的互相配合，相輔相成，正符合現時評估發展的新趨勢。

參考文獻：

香港課程發展議會（2001）中國語文課程指引（小一至小六），香港：香港政府.
    2004.

廖佩莉．理念與實踐（2007），香港小學中國語文科教師對語文評估的意見調查，教
    育曙光 55(1)，51-58。

趙德成、徐芬（2002），成長記錄袋應用反思與改進，評價與考試，7，頁 43-45。

鄭英耀，蔡佩玲（譯)(2000)，檔案教學，臺灣：心理出版社。

Cole, D. (2000) Portfolio across the Curriculum and Beyond,Thousand Oaks, CA：
    Corwin Press.

語文評估的趨向：
「情」「理」兼備的中國語文科「學習檔案」

一、引言

　　評估有什麼目的？大部分的教師都認為評估有不同目的，例如診斷、測量、甄別、篩選、回饋等。一向以來，在眾多目的中，很多家長和教師都認為用分數和等第來判斷和甄別學生的能力是重要的。無可否認，用分數和等第確能客觀反映學生的表現，教師可進一步運用這些客觀數據分析學生的學習成果，從而改善自己的教學。但是評估有着另一個很重要的目的，就是激勵作用。激勵並不單指在學生測驗和考試獲得好成績後，教師和家長給予他們的獎品，而是教師要多了解學生學習過程，習慣和態度，從中給予鼓勵，這種感情色彩較濃的評估目的，能激勵學生學習。教師在學生學習過程中鼓勵他們達標。而學習檔案能有系統記錄學生學習的進程和成果，記錄教師、家長、同儕對學生表現的回饋和鼓勵，學生對自己學習的反思，學習檔案也能明確顯示學生客觀評分的要求，展示他們的學習成果。本文先探討香港小學中國語文科課程和評估的發展趨勢，和語文評估的問題，然後介紹學習檔案的分類，並提出一個「情」「理」兼備的中國語文科學習檔案的設計，分析其優劣，希望藉此能啓發教師發揮學習檔案的功能，優化學生的學習和評估。

二、中國語文科課程的理念和目標

　　近年教育改革的背後理念主要是來自建構主義。「建構主義」是二十世紀八十年代末興起的一種「學習觀」，這種觀念源於六十年代初皮亞傑（Piaget）的認知發展理論，及其後發展的維果斯基（Vygotsky）

的社會心理學理論。建構主義理論的基本觀念是知識並不是存在於外部世界；學習是由建構而成的。.學習者能自行根據已有知識和新經驗建構所學；他們也可借助別人的支援，幫助學習。鐘啟泉（2004）認為建構主義理論是在於培養每一個學習者的學習，即關注學習者的興趣和成長的過程。

香港小學中國語文科課程已顧及學生如何建構所學。歸納教育局課程發展議會（2004）《中國語文課程指引（小一至小六）》文件的重點，中國語文科課程發展有三大方向：一是學生能有運用語文能力，課程要求小學生能聽能說，也能讀能寫，聽說讀寫要求準確、流暢、得體，滿足他們生活上的需要。二是學生在建構學習過程中，要注意知識的積累，要培養學生學習語文的興趣。三是強調學生語文自學的重要性。這與傳統中文課堂教學較注重教師教授學生知識的理念是有分別的。學生的學習不是被動的，也不是純粹接收訊息的。學生須與周圍環境產生交互作用，因此與他人溝通對學習有着重要的意義！教師不再是單向的講授者，相反，他們要創設學習環境和情境以協助學生建構所學；他們也是促進學生主動建構學習的指導者。學生須主動學習，成為尋求知識的探索者，而不是被灌輸知識的對象。

中國語文科教師是幫助學生建構所學，課程目標是「情」「理」兼備的。所謂「情」的目標是指培養學生的情意態度，學習興趣和習慣；「理」的目標是指培養學生的語文能力，對學生的語文能力有基本要求。根據香港課程發展議（2004，12）明確指出：「中國語文的學習，應以讀寫聽說為主導，帶動其他學習範疇。[1]」中國語文的課程主要目標是以培養學生語文能力為主導，對他們的語文能力必須有基本和客觀要求，這是「理性」的課程目標。早在十多年前，香港課程發展議會（1995）列明不同學習階段學生的語文學習的重點。在這基礎上，2004年香港課程發展議會出版了《小學中國語文建議學習重點》文件，指出小學生學習的

1 　其他學習範疇是指文學、中華文化、品德情意、思維和語文自學等。

具體學習的重點，當中包括語文學習的基礎知識，讀寫聽說四個範疇，這些重點，是教師對學生的語文能力的基本和客觀要求。

三、中國語文科評估的發展

課程目標、教法和評估三者有着密切的關係，教師可對應課程的目標，擬訂教法，評估目的和計劃。中國語文科課程目標包涵了「情」與「理」，評估也應顧及學生語文能力（讀寫聽說）和學習語文態度、興趣和習慣的全面評核。但是要評估學生的語文能力和學習語文態度、興趣和習慣不是朝夕之事，教師必要留意學生日常的學習過程。近年香港教統局特別強調「促進學習的評估」，意思是指：

在學習的過程中，評估不應只來用來量度學生學習結果，而應是用來改善和促進學習，以體現教學是為了提升學習能力的目標。因此，有效的評估，可以為教師及學生提供有用的資料與數據，藉以調整課程設計與教學策略提高學與教效能。」（香港課程發展議會，2004，55）

Berry（2008）指出「促進學習的評估」的深層意思是教師與學生之間互動的重要性，評估是教學的一部分，教師在課堂運用評估策略和活動來幫助學生學習，了解他們的學習表現，教師並給予學生回饋和改善自己的教學。

為了有效促進學習，教師不僅要重視學生的學習成果，亦要關注學生在學習過程中的表現，所以教師應善用總結性評估和進展性評估。一般而言，總結性評估是指在一段時間後，總結評估學生的表現，例如測驗和期考等。進展性評估是指學生在學習過程中的多樣化評估，這些評估是達致促進學習的重要途徑（Airasian & Mardrus，1972）。多樣化的評估模式有很多，例如教師可在日常的學習活動中，運用多角度觀察、提問、交談等方式來評估了解學生學習語文的能力、興趣和習慣。參與促進學習評估的人物也多元化，有教師、家長、同儕和學生本身。教師可給學生自評和互評的機會，學生從中反思所學。對教師而言，促進學習評估的精神是在教學過程中不時檢討學生的表現和教學成效，從而調

適教學，提升教學素質。對家長而言，他們有機會參與子女的評估，了解子女的表現，鼓勵他們學習。對學生而言，促進學習評估的精髓在於學習過程中不斷作出改進（羅耀珍，2008）。

四、現時中國語文科評估的問題

4.1 未能落實全面評估學生的學習表現

雖然小學中國語文科的課程目標是「情」「理」兼備，但實際卻忽略情意態度，學習興趣和習慣的評估。原因有二：一是現行中國語文評估模式是以紙筆測試為主，這些測考內容大多是側重語文能力的評估。每學年學生須參加校內考試，學校用分數和等級來顯示學生的表現，家長和學生能清楚知道他們完成課程後所能達到的水準。同時學生又要參加小學中國語文科公開考試，例如教統局現時在小學三年級和六年級實行中國語文科「全港性系統評估」（TSA）。校內測考和全港性系統評估純粹是以語文能力為主導的評估，根本沒有評估學生的情意態度，學習興趣和習慣等。二是教師也不知怎樣評估情意態度，學習興趣和習慣。歐陽汝穎（2009，8）指出：「學生學習語文的興趣、態度、習慣和自學能力不但難教，而且難評⋯⋯」

4.2 促進學習評估存在困難

香港課程發展議會（2002）《基礎教育指引—各盡所能，發展所長》所指的促進學習評估，正是強調評估要回饋教與學。但 Black 和 William（1998）認為教師對促進學習評估的教與學信念未能配合促進學習評估的理念，評估仍以評分和評級為主而忽略提供學生學習表現的回饋，改善學生的學習。就中國語文科而言，教師雖然在課堂上常會提問學生並給予回饋，也有給予學生自評和互評的機會，促進他們的學習，但這些回饋，大多是欠有系統的記載。自評和互評的設計也是隨意，欠有條理的記錄，因此跟進工作是較困難的。加上教師的工作量大，若要求教師對每位學生的回饋都作詳細記錄，只會加深他們的工作壓力。

4.3 未能善用評估：激勵學生

傳統的測考評估方式只強調甄別與選拔功能，以分數或等級來衡量學生學業成就，這種評估，是片面的，削弱評估的育人功能，未能發揮評估的另一目的：對學生產生激勵作用。現時所用的測考評估，只有少數學生能獲得鼓勵，體驗成功的快樂，大多數學生成為失敗者，成為傳統評估的犧牲品（陶林，2005）。Newton（2007）認為評估的其中一個功能是令學生在評估中能引發其學習動機。Stiggins（2008）進一步提出評估過程與學生動機的關係。當學生能清楚了解在評估過程中自己有成功之處，並期望可做得更好，這些激勵，能引發他們的學習動機和熱誠；相反，當學生未能清楚認識自己在學習過程的表現，對學習沒有期望，甚至他們以為注定失敗，那麼他們便會不想學習。所以教師應在學生的學習過程中給予進展性評估，從中激勵他們學習。Shepard（2005）認為在進展性評估中，學生在得到其他人，如教師、同儕和家長的支持，商討和鼓勵，才能發揮「最新發展區」（Zone of proximal development）的功能，激勵學習。

為了配合中國語文科「情」「理」兼備的課程目標，怎樣全面評估學生的學習表現，才能促進和激勵他們學習？這是當前中國語文科教師在課改的前提下，所面對的重要評估課題。

五、學習檔案

學習檔案可在當前課改的理念中發揮積極和推動的作用。學習檔案是來自的英文的 portfolio, port 有類似 portable 的意思，指可携帶的；folio 指紙張，意思是將個人作品放在文件夾或公事包，方便携帶和收藏，以便與人分享他們個人的努力的成果。早在 80 年代西方教育界認為傳統紙筆考試並未能全面真實反映學生的學習的表現，因而提出用學習檔案來記錄學生平日學習的實況，避免過分依賴用測考來評估學生。

學習檔案有很多不同的定義，Campbell, et al.（1996）認為它匯集了整個學習過程的點點滴滴，呈現出學生的努力與成就，是評估學生學習

最好的證據，它是一部活生生的學習成長史。Cole（1995）也認為它是一本學生學習的成長史，是學生在老師的指導下，根據既定標準，把一段時期內的學習產品編輯、反思、整理而成的一個集合體。本文將學習檔案的定義簡單歸結為：有目的地收集學生的作品，記載和反映學生的學習情況。

釐訂學習檔案的目的可大可小，大則可記錄學習者某階段長時期的學習歷程，小則可記錄某些課節的學習活動。學生可因應目的，決定檔案所要收集的顯証。顯証可多樣化，除了具備學生的作品外，也可包括教師、同學、父母對他們學習的看法。這些資料，有助學生了解自己在學習過程中所付出的努力、進步情況和達成學習目標的程度，同時學生也可自我反省所學，成為主動的評估者。

學習檔案分類也很多，Cole ，Ryan, Kick（1995）將檔案簡單分為兩類：成果檔案、過程檔案，其實學習檔案可詳分為「成果檔案」、「過程檔案」和「成果和過程檔案」。「成果檔案」主要是展示學生完成的佳作；「過程檔案」是展示學生在學習過程中的不同作品；「成果和過程檔案」則包含學生的學習過程和完成的作品。「成果檔案」的優點是較易處理，學生只選取他們完成的佳作放在檔案內展示其學習成果，但缺點是學生不能檢視自己的學習進程。「過程檔案」則展示學生在學習過程中的作品，學生在建構過程中學習和反思自己所學；但弊病則是教師要花心思記錄他們的學習過程。不同類型的學習檔案各有優劣，教師如何選擇，則要視乎他們為學生建立學習檔案的目的。現時較多教師為學生建立「成果檔案」，建立「過程檔案」的則較少。

六、「情」「理」兼備的學習檔案設計

本文的學習檔案設計是「情」「理」兼備的「過程檔案」。所謂「情」是培養學生的情意態度，是指教師、家長和同儕對學習者所提出的主觀意見和多說鼓勵話。所謂「理」是指對學生有基本要求，有客觀標準評估學生的能力。這檔案的設計是配合五年級下學期的一個單元，主題是

「我們熟識的人物」。設計這學習檔案的目的：一是培養學生的閱讀興趣和自學的良好習慣（情意態度）；二是使學生能寫出記人的文章（語文能力）。檔案分兩個部分：一是閱讀紀錄，二是作文紀錄。

6.1 閱讀紀錄：「情」中有「理」

教師設計閱讀紀錄表格，記錄學生的閱讀日期、書目和讀後感。學生須自行記錄閱讀過的書籍和文章，培養閱讀的習慣和自學的能力。家長和教師翻查閱讀紀錄，在回應欄中寫上對他們閱讀的意見和對他們多作鼓勵，這是重視「情」的部分。同時，教師為學生訂下基本的閱讀數量，這是「理」的部分。教師並為學生增設閱讀表現獎和進步獎。閱讀表現獎是獎勵凡超過規定的閱讀數量（即超過基本要求）的學生。進步獎是給那些本來不達閱讀數量，後來能努力閱讀而達標的學生。

6.2 作文紀錄：「理」中有「情」

在這單元中，學生須作文三次，每次均有明確的評分標準（對學生作文有客觀要求），由教師批改，學生能從中得知自己是否達標，更重要的是如何作修訂，以提升寫作能力。教師又為學生設計自評表和互評表，使他們清楚明白作文的要求。他們可為同儕的作文寫上評語和鼓勵的說話。他們最後修訂的作文會給家長寫上評語和填寫欣賞指數，這些評語大多對學生有激勵作用。

本檔案的設計的施行步驟可分為三個階段：準備階段、進行階段和總結階段。

準備階段：在單元開始前，教師必須向學生解說建立學習檔案的目的，他們在組織學習檔案的過程中要擔當什麼角色，每位學生都有自己的檔案，並請他們將閱讀和作文顯証放入檔案內，顯示他們的學習進程，又請他們要好好保存。同時校方應發信給家長說明他們的角色，他們可檢視子女的檔案，了解他們的學習，並寫下評語。

進行階段：這設計如一般的單元教學，有兩篇精讀課文：「姚明憶童年」和「探險家李樂詩」，教師和學生一起討論課文內容、主旨和寫作

技巧。一般單元教學的課後讀物只有一兩篇,作文一篇。但本單元期望學生多閱讀、多寫作,所以除了指定的課堂讀物外,還希望學生自行閱讀。

教師介紹多篇有關人物描寫的課後讀物給他們,教師預先和圖書館主任聯絡,列出適合他們閱讀的描寫人物的書目,並鼓勵他們到圖書館借閱有關人物描寫的書籍和報刊自行閱讀。為了有系統記錄他們自行閱讀的成果,他們必須有一個完整閱讀紀錄。紀錄包括閱讀書目、日期、讀後感,文章佳詞、佳句摘錄。這些摘錄有助他們作文時可翻查閱讀所學的佳詞和佳句,並應用在寫作上。教師會檢視學生的閱讀紀錄,並對他們的閱讀態度寫上鼓勵評語。同時教師會預留課堂時間給學生分享閱讀心得,在課堂上給同儕介紹所讀的書籍和感想。

教師也要求他們寫作有關記人的文章,制訂作文評分標準,然後根據標準設計簡單的自評和互評表,並向學生解說其用途。為了了解學生寫作過程和在過程中給予學生回饋,這單元安排了多次作文,以「我喜歡的人物」為題,將作文分為若干次寫作:

第一篇作文:「我最喜歡的人物」

第一次作文(描寫人物外貌＋以事記人,共約一百五十字)

第二次作文(修訂描寫人物外貌＋修訂以事記人,共約一百五十字)

詳情安排如下:

第一次作文題目是「我最喜歡的人物」,教師並要求他們描寫人物外貌,寫一件事記人。寫作完成後,教師會用評分標準,製成自評表請學生自評,同時又給予互評表請學生互評,並給予意見,教師並提出建議,改善他們寫作。第二次作文是學生根據回饋,再次檢視自己作文,作最後修訂,然後教師評分。

第二篇作文是寫「我最 XX 的人物」,學生自訂題目,但不能重覆第一篇作文的內容,他們可根據以往二次作文經驗和回饋來寫作,總結所學,提升的寫作能力。

單元完結時,應預留時間給學生整理檔案,可請學生為檔案設計單

元的封面，也可考慮加入學生總結這單元的學習感受。以下是學習檔案內容的建議：

> 封面
> 引言
> 閱讀紀錄：
> 　　顯証可包括：教師指定課後讀物、自借書籍、自選報刊記錄表
> 　　佳詞、佳句小冊子、讀後感等
> 作文紀錄：
> 顯証可包括：
> 　　第一篇作文「我最喜歡的人物」
> 　　　　（第一稿、第二稿的作文）
> 　　第二篇作文「我最 XX 的人物」
> 評估表和評語
> 　　我對自己作文的評價
> 　　同學對我作文的評價
> 　　老師對我作文的評價
> 　　家長對我作文的評價
> 反思
> （學生總結自己所學和感想）

　　總結階段：單元完結後，請家長檢視檔案及對子女的作品寫上評語。教師必須檢視學生的學習檔案，方可明白他們在寫作過程中所遇到的困難，從而調適下一單元教學的設計，改善教學。此外，根據西方國家的一般做法，學生完成學習檔案後，學校會邀請家長在學期完結時參與學生學習檔案的分享會。但本設計只是針對一個單元，學生收集的顯証並不算多，所以不須舉辦大型分享會。教師可考慮徵得學生的同意，將他們的檔案放在課室的展覽區，展示他們的作品，歡迎同學借閱和互相分享學習成果。

七、設計的優點和面對的困難

　　一般學校實行的學習檔案是「成果檔案」，學生將其佳作放入檔案，這種做法較簡單。本設計是屬「過程檔案」，學校是較少運用的。它的優點首先是本檔案設計善用讀寫結合，以兼備「情」與「理」的語文目

標。語文課程很注重培養學生的閱讀興趣和寫作能力，兩者有密切的關係，所以本設計的目的是培養學生多讀和多寫，更希望他們將所學應用到寫作上。本設計能有效地將學習活動和評估活動結合起來。有系統的閱讀紀錄，學生能翻閱佳詞和佳句摘錄，從中應用到寫作上。寫作的部分強調了漸進式的寫作紀錄，學生能從寫作過程中明白文章要修訂的部分，提升他們的寫作能力。這檔案設計亦有助收集學生對閱讀興趣和習慣的紀錄，這有助教師評估他們的自學能力，學習語文的興趣，這是傳統評估的紙筆測考較難做到的。

其次是本檔案設計非常注重記錄學生的學習過程，展示他們閱讀和寫作過程的表現。有了這些記錄，教師便能提供充足的回饋。評估並不一定要注重學生學習成果和所得分數，而是關注學生的學習過程和他們的進步，所以在過程中必須給予學生適切的回饋。教師再不是唯一的評價者，學生亦可作自我評價，家長、同儕也有機會給予學生回饋和評語。這不但有助肯定學生學習，還可以鼓勵、表揚，激勵學生的學習，更可使學生對學習有期望和了解從哪方面作出改善，這不是單靠分數和等第能做到的。

然而教師在實行這檔案設計時也面對不少困難，首先是增加了教師的工作量，教師通常在一個單元完結後批改每位學生一篇作文；但本檔案設計則要求教師對每位學生作多次作文批改，教師要不斷檢視他們的第一稿和最後訂稿，並給予回饋，教師的改文量的確是增加了。但若教師已檢視學生第一稿，學生便知道如何修訂，那麼教師到批改最後訂稿時亦較容易和省時。其次是學生不知怎樣自評，雖然教師已設計自評和互評表，但是學生對自評和互評的態度不太認真，教師宜多提示自評和互評的重要性，多跟進他們的自評和互評。再者是部分家長因忙於工作而未能給予學生回饋，因而影響檔案的成效。

八、總結

中國語文科的評估大都注重以能力為主導的總結性評估。但要學生

在總結性評估中達到教師的期望，必須將教師對學生的理性期望和學生實際表現的差距拉近。教師必須明白學生在學習過程中獲得的成功經驗和遇到的困難，給予他們鼓勵和明確指出他們要改善的地方，幫助他們學習。當學生能清楚認識自己在學習過程的表現，對學習有了期望，便能激勵他們學習，這正是學習檔案的精髓所在。然而很多人認為學習檔案只是一個檔案夾，沒有生命力，作用只是收集學生的學習顯証而已。其實組織學習檔案的過程是人性化，學生須得到教師、同學、家長的意見和支持，才能學習得更有素質。此外，中國語文科目標是「情」「理」兼備，所以評估也要全面評估學生，不應只強調評估學生的語文能力，也應注意培養學生的語文素養，例如培養他們對語文學習的興趣，閱讀習慣等，檔案正能為他們的全面學習留下見証。學習檔案亦能提供機會給教師、同學、家長為學習者打打氣，他們對學習者提供的回饋和激勵，能改善他們的學習，這正是現時評估改革所強調的「促進學習評估」的精神。

參考資料

陶林（2005）對檔案袋評價的再思，遼寧教育，第四期，頁 8-9。

歐陽汝穎（2009）促進學習的評估—中國語文科學習檔案資源手冊，香港，香港大學。

課程發展議會（1995）目標為本課程學習綱要，香港，香港政府。

課程發展議會（2000）學會學習 —中國語文學習領域 中國語文教育，香港，香港政府。

香港課程發展議會（2002）《基礎教育指引—各盡所能，發展所長 》，香港，香港政府。

課程發展議會（2004）中國語文課程指引（小一至小六），香港，香港政府。

課程發展議會（2008）小學中國語文建議學習重點，香港，香港政府。

羅耀珍（2008）促進學習的評估，香港，香港大學出版社。

鐘啟泉（2004）建構主義「學習觀」與「檔案袋評價」，課程、教材、教法第 24 卷第 10 期，頁 20-24。

Airasian, P. W. and Madaus, G. J. (1972) Functional types of student evaluation, Measurement and Evaluation in Guidance，4，pp.221-223.

Berry, R. (2008) Assessment for learning, Hong Kong: Hong Kong University press.

Black, P. and William, D (1998) Assessment and classroom learning, Assessment in Education: Principles, Policy and practice，5 (1) ，pp.7-75

Campbell, L., Campbell, B and Dickinson, D. (1996) Teaching and learning through multiple intelligences, Boston: Allyn& Bacon.

Newton, P. E., (2007) Clarifying the purposes of educational assessment, Assessment in Education ，14 (2) ，pp.149-170.

Shepard, L. A., (2005) Linking Formative assessment to Scaffolding, Educational Leadership, Nov, pp.66-70.

Stiggins, R. (2008) An introduction to Student-Involved Assessment for learning, Columbus, Ohio, Pearson Prentice Hall

（轉載自廖佩莉（2010）：〈語文評估的趨向：情理兼備的中國語文科學習檔案〉，唐秀玲、王良和、張壽洪、司徒秀薇、廖銳強、謝家浩（編），《優化語文學習的評估，多角度思考》，(199-214)，香港，香港教育學院中文學系。）

受訓中幼兒教師對「幼兒學習檔案」的認識和意見之初探

一、前言

　　幼兒的學習能力非常強，成長的速度也非常快。短短幾年間，他們便能由牙牙學語到掌握語言的運用；由隨意塗鴉到專心畫圖畫；由蹣跚學步到靈活運用肢體。這些學習過程，都是幼兒寶貴的成長紀錄。香港課程發展議會 2006 年發布的《學前教育課程指引》首次提出採用「學習歷程檔案」（下文稱「幼兒學習檔案」），幫助記錄幼兒的學習與發展過程。幼稚園教師（下文稱「幼師」）站在教育的最前線，他們對幼兒學習檔案的識見有助推動教育的改革。有見及此，本研究遂致力探討幼師對它的認識和意見，從而提出優化推行幼兒學習檔案的建議。

二、幼兒學習檔案的特點

　　學習檔案的英文名叫 portfolio，意指可携帶的文件夾和公事包。學習檔案是收集學習者的個人作品作為學習的顯証。香港幼兒的學習檔案稱為「學習歷程檔案」（香港課程發展議會，2006）；國內則稱「成長記錄袋」（錢有玉，2003），「檔案袋」（陳兵，2005）。幼兒建立學習檔案的目的和內容與一般中、小學生建構的學習檔案是有分別。幼兒學習檔案有其獨特的地方。

　　幼兒學習檔案的目的是重紀錄多於評量，幼兒的身心發展和學習的快慢是各有不同的，所以實在不宜太早評量幼兒的能力。課程發展議會（2006，頁 55）在《學前教育課程指引》指出：「家長和教師都需要把一些重要的資料記錄下來，佐証幼的成長。而學習歷程檔案就是這些重要

資料的系統紀錄,而非評估工具。學習歷程檔案可在幼兒升班時,供新任教師參考和跟進,以及在幼兒離校升讀小學時交回家長保管,以便有需要時,供升讀的小學教師參考。」指引提出檔案的作用:一是只是用作紀錄,二是留給升班和升校的參考。

檔案所記錄的應包括幼兒各方面的能力發展和情意發展的顯証。學前教育注重培養幼兒良好態度,養成良好的興趣和習慣,檔案內所儲存的顯証,便應包括家長和幼師對幼兒的能力和情意發展的觀察報告和反思,這些資料有助深入探究幼兒的發展和作出相應的跟進和輔導。《學前教育課程指引》強調:「在推行學習檔案期間需要不斷檢討,蒐集家長的意見和幼兒的回應,在幼兒、家長和教師三者的協作關係中,對話和聆聽是最重要和最有效的工具。有需要時調整和修改策略,以達致預期的目標。」(頁 55)所以幼師必須在協助幼兒建構學習檔案的過程中,多和家長和幼兒溝通,明白記錄的背後的意義是了解幼兒的學習和家長的想法,從而修訂教學策略,促進幼兒學習。

由於幼兒年紀小,幼師要幫助他們組織學習檔案。幼師應創設開放的環境給幼兒從活動中學習,有些學習檔案的內容甚至是可以師生共同商議而設計的,在過程中,幼兒須主動參與學習,從活動中收集學習的顯證。課堂上再不是以教師講授為主!若教師只引進學習檔案到以「教師講授為主」的傳統教室,並讓學生自行收集操練式的練習和作業,填滿學習檔案,這不能達到學習檔案的目的(廖佩莉,2006)。

三、相關研究

西方學者(King,1991:Balm,1995;Mills,1994)對幼兒建構學習檔案的研究,結果都是很正面的。對幼兒而言,Balm(1995)發現幼兒很喜歡建構學習檔案;Mills(1994)認為幼兒在建構學習檔案的過程能訓練他們的決斷力;Kankaanranta(1996)的研究指出學習檔案是幼兒的學習資產,能加強幼兒建立自我形象。對教師而言,Mills(1994)指出教師從記錄的資料中更清楚幼兒的成長;同時也提供幼師很多幼兒

學習的資料來評估他們的表現。Fu 和 Lamme（2002）認為家長和幼師談論幼兒在檔案中的表現，無形中加強了家長和教師的對話，增加彼此的溝通。但亦有研究指出幼師在建立檔案的過程會遇到不少困難，原因是他們欠培訓和沒有時間作反思自己的教學（Kankaanranta，2002）。

國內有關「幼兒學習檔案」的論文大多數集中闡釋學習檔案的應用和它的作用，例如趙德成，徐芬（2002）肯定學習檔案在當前幼教課程改革和幼兒學習評價中發揮積極的推動作用。李正琼（2003）指出檔案不僅準確記錄了孩子的成長過程，而且能培養孩子的責任心和自我管理能力。但是霍力岩和趙清梅（2005）質疑學習檔案的成效，他們認為學習檔案只是成了幼兒作品的收集袋，是向家長交代他們子女的表現，漸漸地成了取悅家長的工具而已。姚偉和崔迪（2007）認為現行的學習檔案是重結果輕過程，屬成果型評價，未能顧及兒童發展的過程，也不能全面反映兒童的表現。至於迄今有關香港幼師對學習檔案的研究，尚未見諸文獻。有見及此，本研究便嘗試在這方面探討，期望彌補這方面的研究缺失。

四、研究的問題和方法

本研究旨在探索下列的問題：

（1）幼師認為為幼兒建立「幼兒學習檔案」有甚麼目的？

（2）幼師對為幼兒建立「幼兒學習檔案」有什麼意見？

本研究採用定量研究(Quantitative Approach)和定性研究(Qualitative Approach) 兩種方式。定量研究是採用問卷調查方式；定性研究是採用與教師訪談方式。研究對象是香港幼稚園教師，研究樣本選取自 2006-2007 年度，修讀香港教育學院舉辦的幼稚園証書課程的學員。

研究員首先擬訂問卷初稿，然後邀請 5 位教師試填，再根據試填教師的意見修訂問卷，訂定問卷正稿。本研究亦採取訪談方式，目的是建基於問卷的調查結果，更深入的收集幼師對「學習檔案」的看法。訪談對象及取樣方法是以「配額取樣法 (quota sampling)」方式，邀請了 10 位基層教師接受深度訪問。

五、 研究結果及討論

定量研究是採用問卷調查方法，共派發了一百四十份問卷，收回一百二十一份，回收率達百分之八十六。填寫問卷的教師是來自不同的學校，他們具有不同的教學年資（由一年到二十三年，見表一），教學經驗相當豐富。

表一：教師的教學年資

年資	百分比
1-5 年	11.4
6-10 年	17.9
11-15 年	32.5
16-20 年	29.3
21 年或以上	8.9

本研究也採用訪談方式，受訪者來自不同學校，從事幼兒教育工作的經驗有五年以上，對幼兒工作有相當認識，其談話對本研究獲得深入而準確的資料大有幫助。本研究引述各受訪者的意見時，將以訪1、訪2、訪3……為十名受訪者的代號。以下是本研究的主要發現：

（一）幼師對幼兒學習檔案的目的認識不深，未能掌握記錄賦予教育的深層意義

研究發現很多幼師對學習檔案都有基本認識，認為學習檔案是用作記錄和評估幼兒的能力，大部分教師認為記錄和評估主要的目的是讓家長明白幼兒的學習情況。

就表二所見，約六成幼師（62.8%，項4）認為自己明白甚麼是學習檔案，超過三成幼師（32.2%，項4）對此表示沒有意見，可見並不是所有幼師明白學習檔案的理念。絕大部分幼師認為學習檔案是評估幼兒學習的工具（70.2%，項1），將幼兒成長資料記錄下來（80.1%，項2），目的是將記載的資料供家長參考（74.1%，項6）和供幼兒升讀小學參考（48.8%，項5）。

表二：幼師對功兒學習檔案的目的認識

項目	回應人數（所佔百分比）					平均值 (S. D.)
	1	2	3	4	5	
1. 學習檔案是評估幼兒學習的工具	1 (0.8)	4 (3.3)	31 (25.6)	66 (54.5)	19 (15.7)	3.80 (0.77)
2. 學習檔案是將幼兒成長資料記錄下來	0 (0.0)	2 (1.7)	22 (18.2)	73 (60.3)	24 (19.8)	3.98 (0.81)
3. 學習檔案記載的資料有助我改進自己的教學	2 (1.7)	11 (9.2)	47 (39.5)	48 (39.0)	13 (10.6)	3.54 (0.81)
4. 我明白甚麼是學習檔案	1 (0.8)	5 (4.1)	39 (32.2)	65 (53.7)	11 (9.1)	3.66 (0.74)
5. 學習檔案記載的資料能供幼兒升讀的小學參考	2 (1.7)	17 (14.0)	43 (35.5)	49 (40.5)	10 (8.3)	3.39 (0.89)
6. 學習檔案記載的資料能供家長參考	1 (0.8)	7 (5.8)	23 (19.0)	68 (56.2)	22 (17.9)	3.85 (0.81)

(1：代表非常不同意 2：代表不同意 3：代表沒有意見 4：代表同意 5：代表非常同意)

　　十位受訪的幼師中，除了只有一位表示不知道什麼是學習檔案。其中四位表示為幼兒建立學習檔案的是記錄幼兒在校的學習表現，主要目的是給家長認識子女的學習情況。有幼師說：

　　「幼兒建構學習檔案對家長來說是很有意義，因為他們可以知道小孩在入學至畢業的成長過程，並有一份珍貴的回憶。」(訪1)

　　有四位幼師則特別強調學習檔案可用作評估用途，可將幼兒在學習檔案所得的分數／等第當作成績，學習檔案成為評估幼兒表現的工具。有幼師表示：

　　「我們根據兒童發展，評估小孩學習達不達標。」（訪2）

　　可見這些受訪幼師已超越香港課程發展議會2006年發布的《學前教育課程指引》的要求，因為指引提出「學習歷程檔案就是將這些重要資料做系統紀錄，而非評估工具。」（頁55）就指引所見，香港課程發

展議會建議的，純屬是一種學習歷程的紀錄！但研究發現現時幼稚園實行的學習檔案並不是純粹用作記錄之用，而是包含了評估幼兒學習能力的作用。

　　但值得注意是：雖然大部分幼師明白學習檔案的目的是作記錄和評估幼兒的學習，向家長交代他們在校的情況，但是卻忽略了記錄幼兒學習情況背後的意義：幫助幼師了解和分析幼兒的需要，從而調適課程和教學策略。表二顯示接近五成幼師（49.6%，項3）認為學習檔案記載的資料有助他們改進自己的教學；有接近四成幼師（39.5%，項3）對此表示沒有意見。在訪談中亦只有兩位幼師有提及從幼兒的學習檔案中能分析幼兒學習的情況和跟進他們的學習。其中一位舉例：

　　　「當我分析顯証時，發現有幼兒總是未能畫出直線，於是我針對這問題，設計印色活動訓練他的小肌肉。檔案內的顯証可幫助設計合適幼兒的活動。」（訪4）

　　可惜有這樣想法的幼師並不多，這正反映出很多幼師未能從學習檔案所記錄的顯証反思自己的教學，以達致促進幼兒的學習的深層教育意義。七位受訪幼師表示並沒有看過2006年發布的《學前教育課程指引》中「學習檔案」的一章。他們對幼兒學習檔案的認識是從同儕和校長的口中得悉的，加上他們並沒有為幼兒建立學習檔案是的經驗，所以他們對為幼兒建立學習檔案的目的的認識是不深的。

（二）幼師認為為幼兒建立學習檔案對家長，幼師和幼兒三方面都有裨益

　　表三顯示只有四成多幼師（44.2%，項1，見第八頁）贊成在幼稚園為幼兒建構學習檔案，另有四成多幼師（43.3%，項1）表示沒有意見，亦有11.6%幼師不贊成在幼稚園為幼兒建構學習檔案，可見很多幼師對建立檔案仍抱觀望態度。雖然如此，但是幼師認為為幼兒建構「幼兒學習檔案」對家長，幼師本身和幼兒是有裨益的。

　　就家長而言，大部分幼師（74.1%，項6，見表二，第五頁）認為檔

案內記載的資料能供家長參考學習檔案。很多受訪者（八位）表示檔案
可讓家長全面了解幼兒在校的發展，幼兒是父母的寶貝，他們在校的時
間甚至比在家的時間多，加上很多家長也外出工作，家長是很想知道他
們在校的情況，檔案的每個紀錄便滿足他們的好奇心。

對幼師而言，有二位表示這些紀錄能幫助他們認識幼兒情意態度的
發展。例如：

> 「教師可在檔案上寫下對幼兒情意態度的發展，這種記載比
> 考試更全面呢！我很開心，因為我覺得我對他們的情意發展了
> 解多了！」（訪 1）

對幼兒而言，幼師認為他們從檔案中獲得滿足感，有幼師解釋：

> 「幼兒在翻閱自己的檔案時，很開心告訴我這是他的作品，
> 看來他很有滿足感呢！」（訪 9）

幼兒對自己的學習有了滿足感，自然對學習產生興趣，這正是幼兒
教育主要的目的。

（三）幼師面對不少困難

大部分幼師（76.8%，項 3，見表三）認為要為幼兒建構學習檔案，
覺得很有壓力。壓力的來自幼師所面對的困難，其中以撰寫評語為甚。
超過六成幼師（61.1%，項 4，見表三）認為撰寫學習檔案評語是很困難
的。由於檔案可作升讀小學之用，為了避免這些評語會影響他們升讀小
學，所以大多數家長喜歡幼師寫的評語是稱讚他們的子女，不接受評語
中有描述他們子女不足的地方，所以有幼師表示：

> 「評語中全是讚美的說話，我只可報喜不報憂，所以評語是
> 很難撰寫的！」（訪 7）

由於要滿足家長的要求，所以幼師所寫的評語並不是如李敏（2000）
所指檔案要記錄幼兒不足之處，而是注重撰寫幼兒的優點。幼師的做

156

法是可以理解的，原因是香港幼稚園太商業化，校長非常尊重家長的看法，這種以「家長為僱主」的心態，或多或少會影響幼師認為幼兒學習檔案的主要目的向家長交代而已。

表三：幼師對學習歷程檔案的意見

項目	回應人數（所佔百分比）					平均值 (S. D.)
	1	2	3	4	5	
1. 我贊成在幼稚園為幼兒建構學習檔案	7 (5.8)	7 (5.8)	52 (43.3)	40 (32.5)	14 (11.7)	3.40 (0.97)
2. 學校對幼師的支援不足	0 (0.0)	8 (6.7)	36 (30.0)	40 (33.3)	36 (30.0)	3.87 (0.93)
3. 要為幼兒建構學習檔案，我覺得很有壓力	0 (0.0)	3 (2.5)	25 (20.7)	42 (34.7)	51 (42.1)	4.17 (0.84)
4. 我覺得撰寫學習檔案評語很困難	0 (0.0)	10 (8.3)	37 (30.6)	46 (38.0)	28 (23.1)	3.76 (0.90)
5. 家長樂意為幼兒的學習檔案撰寫評語	10 (8.3)	43 (35.8)	45 (37.5)	18 (15.0)	4 (3.3)	2.69 (0.94)
6. 我需花大量時間填寫學習檔案評語	1 (0.8)	3 (2.5)	19 (15.7)	34 (28.1)	64 (52.9)	4.30 (0.88)
7. 我認為大部分家長不明白甚麼是學習檔案	2 (1.7)	15 (12.4)	53 (43.8)	42 (34.7)	9 (7.3)	3.34 (0.85)

(1：代表非常不同意 2：代表不同意 3：代表沒有意見 4：代表同意 5：代表非常同意)

另外，幼師面對的困難來自時間的不足，一方面大部分幼師（81%，項6，見表三）需花大量時間來填寫評語；另一方面教師難在課堂中兼顧教學、觀察、記錄和評估幼兒學習的情況，所以教師要用額外時間填寫幼兒學習檔案的資料。

若教師認為這是一項有意義的工作，他們是樂於付出額外時間去批閱，可惜有一半受訪者（5位）認為建構學習檔案只是表面功夫而已！檔案的資料屬於流水帳式的記錄，實在浪費時間。他們寧可多花時間在改善教學上。其中三位幼師有以下的想法。

「大部分學校都只做表面記錄：多而繁重，對兒童益處不多……。若只做表面工作，那就沒意義。」(訪 1)

「因為需要很多時間去觀察、搜集、記錄每個幼兒的表現，影響課堂的運作及對幼兒照顧，影響正規教學。」(訪 9)

「教師花很多時間在文件上的準備，真正能反思教學的不多……。」(訪 6)

這些幼師的想法是有待商榷的，他們對幼兒學習檔案的認識流於表面。其實幼師為幼兒建立學習檔案是不會影響正規教學。學習檔案必須與課程、教學，和評估掛勾。幼師可以把組織檔案的活動融合在整個教學過程中。在課堂上，幼師邊觀察幼兒的學習，邊收集幼兒學習的顯証，從活動中記錄幼兒的學習。幼師在設計課程和活動時，應預留一些幫助他們組織學習檔案的時間，課堂活動正是觀察和收集幼兒學習顯証的好時機。同時幼師也可就檔案資料分析幼兒的學習，配合幼兒的需要，調整教學目標和改善教學。

事實上，幼師在課堂上如何觀察、判斷幼兒發展的認識是不足的，有四位受訪幼師表示對自己欠缺信心，其中一位舉例說：

「幼師對幼兒的觀察、判斷及分析要準確。我認為幼師對這方面的工作未能作專業評審，因我們對此認識不深。」(訪 10)

幼師有這樣的想法是可以理解的，香港教育當局較小舉辦幼師專業培訓課程和交流會，因此幼師想要提升自己這方面的專業能力也是較難的。

此外，幼師認為不足兩成家長（18.3%，項 5，見表三）樂意為幼兒的學習檔案撰寫評語。很多幼師（42%，項 7，見表三）認為家長不明白甚麼是學習檔案，所以很難要求他們參與撰寫評語。其實家長可從日常生活中觀察子女的學習情況和情意發展，配合幼兒學習檔案內記載的表現，撰寫對子女的評語，這有助幼師深入探究幼兒的發展和作出相應的跟進。

可是幼師和家長的溝通是不足，所有受訪幼師表示校方並沒有安排幼師與家長討論學習檔案，學校只會安排在派成績表時見家長。這種做法並不妥當，首先，派成績表時才見家長，家長只會着眼子女的成績，不會費時分享和討論學習檔案內的顯証，組織學習檔案的意義盡失。其次，有幼師認為為幼兒花了不少心血寫下的紀錄，卻得不到家長重視，家長只重視幼兒在成績表上所載的等級。

六、 總結和建議

本研究發現大部分幼師認為為幼兒建立學習檔案的目的是記錄和評估兒童的學習，向家長交代他們子女的學習和成長的情況。雖然課程發展議會（2006）在《學前教育課程指引》指出學習檔案是有系統兒童成長紀錄，而非評估工具，但是幼師在記錄的過程中，少不免涉及評估兒童能否掌握某種能力。很多幼師都是流水帳式地為「記錄」而「記錄」，只有部分幼師能深入了解記錄和評估背後的深層意義是對幼兒學習的分析，改進自己的教學，以促進幼兒學習為目的。

本研究也發現很多幼師都認同學習檔案確能幫助他們和家長了解幼兒的學習情況，但是幼師為幼兒建立學習檔案的過程中，卻遇上不少困難，他們提出了很多意見：首先是時間不足，幼師難以在課堂中兼顧教學、觀察、記錄和評估幼兒的學習情況，所以他們要用額外時間填寫幼兒學習檔案的資料，其中以填寫評語為最花時間和心思；其次是幼師能力不足，他們坦言對觀察和評估幼兒的發展是欠缺信心；再者是缺乏家長的支持，很多家長根本不明白什麼是學習檔案。凡此種種，幼師承受着沉重的壓力。校方為順應課程發展議會（2006）的建議，又不可不推行學習檔案，幼師漸漸地形成一種「應付」心態，將幼兒的學習例証收集起來，成為一種徒有形式的學習檔案！現時香港有沒有足夠條件成功地推行幼兒學習檔案？這是值得深思的問題。要成功在幼稚園推行學習檔案，必須要加強幼師專業培訓、配合適當的教育政策、增加學校和家長對幼師的支援。

（一）教師專業發展

　　本研究顯示幼師對幼兒學習檔案的認識不深，因此師訓機構應和教育局應多舉辦教師專業發展課程。正如 Kankaanranta（2002）提出多元化教師培訓和支援是很重要的。師訓機構應舉辦有關研討會和工作坊探討幼兒學習檔案的理念和特點，更重要的是讓幼師明白學習檔案並不是費時和花巧的文書工作。學習檔案的設計必須與課程，學習活動和評估掛勾。幼師應根據課程的目的來釐訂幼兒學習檔案的目標，在課堂中安排活動和觀察幼兒的學習，從活動中收集顯証，記錄和了解幼兒的發展，在適當的時候可評估他們的表現。檔案內的資料可幫助幼師調適課程和反思自己的教學，以符合幼兒的需要；同時這也可以幫助幼師與家長多討論幼兒的表現，以便作出輔導。幼師若能從檔案的顯証中多關注個別幼兒學習的進展，在課堂分組活動中照顧他們的需要，給予輔導，這種促進學習的指導，是教師專業發展的重要一環。教育當局可多為幼稚園舉行校內和校外交流會，鼓勵幼師多交換設計和落賞學習檔案的心得。課題可以是：學習檔案的背後有何理念？如何從觀察中分析和評估幼兒的學習？如何從幼兒學習的顯証中反思教學？如何撰寫有素質的評語？這都能幫助教師專業的發展。

（二）教育政策的配合

　　除了要有專業培訓外，張莉萍（2005）建議要營造較有利的工作環境，確實降低班上幼兒人數、減少教師須擔負的行政工作，幼師才可有時間去思考怎樣運用檔案來幫助幼兒學習。這是需要教育政策的配合的，減少每班師生比例才可幫助教師有較多時間來觀察和記錄幼兒的學習進程、修訂教學設計、改善教學。現時香港幼稚園的師生比例是較縣殊，有些是三十多人一班，有些則是十多人一班。試問每班三、四十人，教師又怎能有效和準確地記錄幼兒的學習進程？同時為了使幼師能具體掌握學習檔案的理念，教育當局需要提供幼兒學習檔案的示例、指引和有關學習檔案的資料供幼師參考。

（三）學校和家長的支援

　　學校對幼師的支援可增加他們的信心，校方的支援可分為幾方面：首先，校方可多鼓勵幼師參加相關的研討會，增加幼師對學習檔案的認識。其次是要爭取家長的配合（龔欣，2006），加強家長教育，校方必須向家長深入解釋建構學習檔案的用途和價值：讓他們持開放的態度去了解幼兒在校的生活，認識幼兒學習不足之處，並鼓勵他們觀察幼兒的學習和對他們子女的學習撰寫評語。再者校方須有明確的指引給幼師，使幼師清楚明白如何實踐為幼兒建立學習檔案。至於家長方面須與學校合作，翻閱學習檔案時多了解幼兒學習的歷程，並作出回應，這可幫助幼師更全面了解幼兒的學習。

　　本研究有局限性，所選取研究對象全是修讀幼稚園証書課程的學員，至於讀學位和碩士課程的學員則沒有包括在內。同時受訪大部分學員都是教師。研究本範圍較狹窄，因此研究發現不夠全面。筆者寄望未來的研究可從不同崗位幼兒工作者，就不同的角度深入探討他們對幼兒檔案的認識。香港幼稚園推行幼兒學習檔案，現正處於起步階段，幼師需面對不少挑戰。未來研究也可從落實方面去探索和發展，例如：幼兒習檔案的成效、幼師如何在檔案中改善課程和教學？如何指導幼兒從檔案中反思？等等課題，實行優化實踐學習檔案的理念。

參考書目

李正琼（2003）。〈成長檔案袋〉。《檔案與建設》，第二期，頁 59。

李敏（2000）。〈談建立兒童成長檔案的意義和內容〉。《青少年研究—山東省團校學報》，第四期，頁 8-10。

香港課程發展議會（2006）。《學前教育課程指引》。香港：政府印務局。

姚偉、崔迪（2007）。〈當前幼兒園檔案袋評價存在的問題與解決對策〉。《學前教育研究》，第二期，頁 31-33。

張莉萍（2005）。運用檔案袋法評價小班幼兒發展的行動研究，碩士學位論文，西

北師範大學

陳兵（2005）。〈檔案袋在英語學習評價中的應用〉。《課程教材教學研究（小教研究）》，第六期，頁 24-25。

廖佩莉（2006）。〈學習檔案在中國語文科評估中的特點〉。《中國語文通訊》，第六十期，頁 1-4。

趙德成、徐芬（2002）。〈成長記錄袋應用反思與改進〉。《評價與考試》，第七期，頁 43-45。

錢有玉（2003）。〈小學生成長這錄袋的設計與操作〉。《安徽教育》，半月刊，頁 18-19。

霍力岩、趙清梅（2005）。〈檔案袋評價怎麼了—談當前檔案袋評價中的幾個問題〉。《教育科學研究》，第六期，頁 36-38。

龔欣（2006）。〈運用檔案袋評價促進幼兒個體發展〉。《學前教育研究》，第六十二期，頁 63-64。

Balm, S. S. M. (1995). Using portfolio assessment in a kindergarten classroom. *Teaching and Change,* 2 (2), 141-151.

Fu,D., &Lamme, L. (2002). Assessment through conversation in *language arts.* Language Art, 79 (3), 241-250.

Kankaanranta, M. (1996). Self portrait of a child: Portfolios as a means of self-assessment in pre-school and primary school. *Childhood Education: International Perspectives,* 2 (1), 140-148.

Kankaanranta, M. (2002). Developing digital portfolios for childhood education: *research Reports.*

(Available11/4/2008 at http://webebscohost.com/ejpst/detao/?vid=7&hid=107&sid)

King, M. (1991). A portfolio approach to assessment in a developmentally *Appropriate Kindergarten.*

(Available10/4/2008 at http://webebscohost.com/ejpst/detao/?vid=7&hid=107&sid)

Mills, L (1994). Yes, it can work! Portfolio assessment with pre-schoolers.

(Available16/8/2007 at http://webebscohost.com/ejpst/detao/?vid=7&hid=107&sid)

（轉載自廖佩莉（2009）：受訓中幼兒教師對「學習檔案」的認識和意見之初探，《教育曙光》，57(1)，頁 58-66。）

香港幼稚園推行幼兒學習歷程檔案的現況與檢討

一、香港幼稚園推行學習歷程檔案的背景和目的

　　根據英語辭典的解說，學習歷程檔案（Portfolio）是指文件夾和公事包的意思，其作用是將個人作品放在文件夾內以顯示個人的成就。它有很多別稱，例如在一九九五年香港教育文件稱它為「功課樣本來」，[1]二零零六年改稱它「學習歷程檔案」；[2]台灣學者則譯作「歷程檔案評量」，[3]「作品集項評量」；[4]近年國內的學者稱它為「成長記錄袋」，[5]「檔案袋」等。[6]無論甚麼名稱，它主要用來搜集學習者在學習過程中的各種作品，以展現他們的學習過程和成果。作品內容多樣化，可以包括學習者所學的知識，技能和態度等。

　　香港幼兒園特別注重幼兒的所識所知，很多家長以為幼兒學得越多，越有機會升讀著名的小學。因此，很多幼稚園為了應付家長的要求，不惜以口試和筆試考查幼兒的學習，令在幼兒園低班的幼兒開始練習抄寫，做工作紙，又令高班的幼兒參與紙筆測考，好讓他們將來能適應小學的學習模式。可是，這些練習和測試並不能確切反映幼兒的整體學習表現，例如情意和群性發展。其實，教師需要觀察和記錄幼兒的成長，以客觀的態度分析幼兒在實際學習環境的表現，始能幫助幼兒學習。

　　1996 年的《學前教育課程指引》只提及教師應從旁觀察及記錄幼兒的學習情況。到了 2006 年《學前教育課程指引》便清楚要求教師將幼兒學習的資料存檔，正式提出為幼兒建立學習歷程檔案，記錄他們的成長過程。指引提出建立學習歷程檔案的目的可歸納為下列三項：

　　一是用作記錄而並非用作評估幼兒學習能力的工具。《學前教育

課程指引》提議家長和教師把幼兒發展的一些重要資料有系統地記錄下來，但是指引強調學習歷程檔案不是評估工具，這與一般學習檔案評量包涵了評估學習者的能力是有分別的。

　　二是用作升班的參考。無論幼兒在校內升班或升讀小學，學習歷程檔案可供教師參考有關幼兒的學習情況和作出跟進。

　　三是用作幫助教師調整教學的參考。2006 年《學前教育課程指引》強調教師需要不斷檢討幼兒的學習歷程檔案，搜集家長的意見和幼兒的回應。有需要時調整和修訂教學策略，以達致教學的預期目標。

二、香港幼稚園教師推行學習歷程檔案的現況

　　雖然香港 2006 年《學前教育課程指引》列明了為幼兒建立學習歷程檔案的目的，但卻沒有提及具體的做法。根據接受筆者採訪的三十三位幼稚園教師（任教不同的幼兒園）的意見，他們大部分都認為能以下列模式為幼兒建立學習歷程檔案。

　　教師根據《學前教育課程指引》所訂定的幼兒發展目標，針對他們的成長需要，為幼兒身體、認知和語言、情意和群性、美感的發展訂下目標。目標可透過下列六個學習範疇來落實：體能與健康；語文；早期數學；科學與科技；個人與群體；藝術。然後，教師再根據上述的六大範疇，為幼兒搜集學習的顯證，記錄他們的學習過程，將不同顯證放在他們的檔案裏。

　　香港幼兒園每學年分為兩個學期，即上學期和下學期，有些幼兒園每學期都記錄了六大範疇內的幼兒發展；有些則在上學期記錄其中的三個範疇，下學期則記錄其餘的三個範疇。記錄方式也多樣化，例如有些幼稚園教師須填寫不同類型的評估表，他們隨時用數碼相機拍攝幼兒學習的照片和他們的習作，並將照片分類，篩選出幼兒的學習顯證放在檔案內。日常的練習、工作紙和測驗成績當然亦會放在檔案內，若有課外活動，例如故事演講比賽，親子活動，教師也會用錄像機把這些資料拍攝下來，放入檔案中。

　　教師將搜集的資料經篩選後有系統地組織起來，這些具體顯示幼兒學習情況的資料便稱為顯證。教師須在每份顯證上撰寫說明和評語。教師每週最少用十多小時課餘時間完成這些工作。在學年完結時，教師會將學習歷程檔案交給家長，讓家長了解子女在校的學習情況。因為幼稚園校舍地方有限，所以幼兒園沒有為幼兒的學習歷程檔案的設立副本。新學期到來，教師便為幼兒建立另一個檔案。

三、對香港幼兒稚園推行學習歷程檔案的檢討

（一）在跟進工作上的不足

　　2006年《學前教育課程指引》指出為幼兒建立學習歷程檔案主要是記錄和跟進幼兒的學習。教師在記錄方面的工作已做得很完備，他們能全面根據指引中羅列的六個學習範疇搜集幼兒的學習顯證；同時顯證類型也很多樣化，例如有照片、評估表、功課樣本等，但是教師在記錄後的跟進工作仍有不足的地方。

　　這種不足的地方可分為兩方面：其一是幼兒園教師沒有充分利用學習歷程檔案中的幼兒學習顯證為教學提供信息。在建立檔案的過程中，大部分香港幼兒園教師都認同為幼兒作學習記錄的意義，但是他們認為這些工作，包括拍攝幼兒學習的照片、收集和篩選資料、撰寫評語、處理相關的文書工作和整理檔案，都實際增加了他們的工作量。在本已十分忙碌的教學工作上再額外付出不少時間和精力，令教師面對龐大的工作壓力。教師遂着眼於記錄幼兒學習的實況，向家長報告他們在校內的學習情況，他們沒有充足時間因應幼兒學習的情況來檢討自己的教學，這種做法是可以理解的。其二是幼兒的小學教師沒有參閱幼兒就讀幼兒園時的學習歷程檔案。家長雖然收藏了歷年幼兒就讀幼兒園的學習歷程檔案，但當幼兒升上小學，他們未必如依照指引中交給小學教師參考，以跟進幼兒的學習。

(二) 缺乏幼兒的參與

現時教師為幼兒建立檔案，由檔案的封面設計，搜集和選擇資料等工作，都是教師主導，幼兒很少機會參與。雖然幼兒年紀小，但在教師引導下，他們也可參與建立自己的學習歷程檔案。首先教師可教導幼兒好好收集和保管自已的練習和工作紙；其次訓練幼兒填寫一些簡單的紀錄（例如閱讀卡）和自評表；再者讓幼兒選擇自己喜歡的顯證放在檔案內，教師只是從中協助幼兒。教師應和幼兒個別討論他對顯證的看法，從提問中幫助幼兒反思，一方面可幫助幼兒了解自己所學；另一方面可說明教師分析幼兒學習的進程，了解幼兒現有的水平，關注其發展的速度和傾向，從而反思自己的教學和調適教學策略，以促進幼兒的發展。

(三) 缺乏家長的參與

家長在參與建立檔案過程中所擔當的角色也是非常重要的，可是現時家長參與的機會並不多，他們只是訊息的接收者，從檔案得知子女在校的學習情況。香港 2006 年《學前教育課程指引》強調幼兒發展的其中一個目標是幼兒的情意和群性的發展，例如培養幼兒與人相處的正確態度，培養幼兒關懷社會，愛護環境等。這些良好情意態度和習慣的培養，並不能單靠學校生活而獲得。因此家長的參與有助教師更全面了解幼兒的學習。家長可以擔當搜集課外資料的角色，尤其是在個人和群體範疇上，以補充教師在課堂上搜集不到的資料，這些資料有助深入探究兒童情意態度的發展，從而家長和教師雙方可作出相應的跟進和輔導，這對兒童情意教育有一定的幫助。同時家長可在檔案內對子女的學習撰寫評語和響應，鼓勵他們，以促進幼兒的學習。家長也可和教師討論幼兒的檔案，加深對子女的了解。

(四) 對推行現狀不足的原因分析

幼兒園教師在上述工作的不足可歸納為兩個原因：一是教師的工作量太多，未能兼顧教學上的跟進，幼兒和家長的參與；二是教師對學

習歷程檔案的理念認識不足。具體來說：

一是教師工作量增加。香港幼稚兒推行學習歷程檔案已有兩年，很多教師覺得工作量增加不少，因為在建立學習歷程檔案的過程中，教師主導一切，他要擔當很多設計、拍攝、文書記錄等工作，又要備課，設計活動，以每班三十多名幼兒計算，他們龐大的工作量是可以理解的。因此，他們沒有足夠時間和幼兒商討學習顯證，了解幼兒學習上的得失，從而調整自己的教學。他們更沒有時間和家長一起討論和分析檔案內容，以審視幼兒的表現。

二是教師認識不足。很多教師以為建立學習歷程檔案只是為幼兒記錄學習的過程和成果，對建立檔案的理念認識不足。其實教師為幼兒建立學習歷程檔案的理念主要依據「建構主義」（Constructivism）。「建構主義」強調學習者為主體，學習者能建構所學。學習者要和他人協作，甚至要與環境相互作用，逐步構建所學。[7] 幼兒雖然年紀輕，但若得到教師的協助，他們也可自行挑選那些他們喜愛的學習顯證放在檔案內；同時教師可說明記錄他們的學習過程，從顯證中啟發他們對學習的反思。雖然兒童未必即時懂得反思所學，教師宜多和他們溝通，了解他們學習上的需要和困難。在溝通的過程中，教師可促進維果斯基（Vygotsky）所指的「最近發展區」（Zone of Proximal Development），從而瞭解他們的想法和認知，幫助提升他們的學習能力。

建構幼兒學習歷程檔案的過程亦與「後現代教育」的理念相配合。後現代教育着重培養學生的適應能力、責任感、靈活性和與他人共同工作的能力。後現代教育打破劃一化的現代教育，強調自主的、個人化的學習。每個人都是自己學習的主人，對自己的學習發表意見，自行建構和評價所學，對學習更要付上責任。所以，幼兒是檔案的主人，例如他們可為自己檔案設計封面，反思所學等。若教師能明瞭這些檔案背後的理念，在建立學習檔案的過程中，便可強化幼兒的自主和和師生互動的重要性。

四、建議

（一）剪裁課程

　　香港幼稚園課程緊迫，課程內容實在太多和太深，在這樣匆迫的時間下，教師還要騰出時間拍攝幼兒學習的照片，撰寫評語，教師是沒有足夠時間跟進學生的個別差異的。要有效實施學習歷程檔案的理念，必須進行課程改革。幼兒園宜進行課程剪裁，教學內容不應太多，應預留時間讓教師和幼兒討論他們的檔案。建議每週教師在幼兒自由活動時間抽出一兩小時和幼兒個別進行討論設計和整理檔案。同時課程經過剪裁後，教師可設計更合適的課堂活動，從活動中觀察、記錄幼兒學習的進程。由於授課並沒有那麼急趕，教師便有足夠時間從記錄中深刻反思活動的設計，及時調整教學目標，修訂教學設計和改善教學。

（二）加強家長教育

　　校方可邀請家長積極參與說明幼兒建立檔案，要得到家長的幫忙，他們必須了解甚麼是學習歷程檔案和它對幼兒學習的重要性。因此，校方必須加強家長教育，在家長會或開學日，校方要向家長深入解釋建構學習歷程檔案的用途和價值，讓他們持開放的態度去了解幼兒在校的生活，並鼓勵他們觀察幼兒的學習，在課外協助搜集資料，並對子女的學習撰寫評語，佐證他們的成長。

（三）教師專業發展

　　雖然香港幼稚園推行學習歷程檔案已有兩年，但是有關的教師培訓是較少的，很多教師對學習歷程檔案的認識不足，因此教育局應多舉辦相關的教師培訓班，讓教師有機會深化他們對學習檔案的認識，讓教師理解為甚麼要做記錄。其實記錄幼兒成長的重要價值在於幫助教師在幼兒的成長過程中獲得靈感，從而更有效改進教學，促進幼兒學習。教師除了可從記錄中獲得這些靈感之外，也可從分享會中獲得。有關教育機

構可定期舉辦教師交流會，讓教師可參考其他幼稚園教師的做法，擴闊視野，深化對學習歷程檔案的認識。

　　總之，香港幼稚園教師確能為幼兒搜集不同的顯證，能真實反映幼兒的成長，他們的努力是值得稱讚的。但是要提升幼兒學習歷程檔案的質量，教師必須明白學習歷程檔案的建立並不是純粹死板地收集資料，而是在資料的搜集過程中，幼兒、家長、教師等三方面也應積極參與其中，這對促進幼兒的發展是有莫大的幫助。幼兒在建立檔案的過程中的自主性和參與性，能使他們從中學習；家長從查閱檔案中了解幼兒的成長，並對他們的學習加以鼓勵和輔導；教師在組織幼兒學習歷程檔案的過程中，多跟幼兒溝通，深入了解他們需要，幫助他們建構所學。因此，只有幼兒、家長、教師積極的參與，才能發揮學習歷程檔案潛在的互動性和教育功能，這是現時香港幼兒園推行學習歷程檔案應注意的地方。

備註：

[1]　香港課程發展議會，目標為本課程，香港：香港政府印刷

[2]　香港課程發展議會，學前教育課程指引，香港：香港政府印刷

[3]　張美玉，歷程檔案在建構教學之應用一個科學的實征研究，教育科技興媒體，1995, (27) : 31-46

[4]　簡茂發，學習評量新趨勢，教育研究雙月刊，1995, (45) : 9-13

[5]　錢有玉，小學生成長這錄袋的設計與操作，安徽教育，2003, (1) : 18-19

[6]　陳兵，檔案袋在英語學習評價中的應用，課程教材教學研完（小教研究），2005, (6) : 24-25

[7]　南敬賓，建構主義學習理論指導下對主學習的探討，現代教育科學（高教研究），2006 (1) : 19

（轉載自廖佩莉（2009）：香港幼兒園推行幼兒學習歷程檔案的現況、反思與建議，《學前教育研究》第 9 期，頁 25-28。）

第五章
蛻變中的語文評估

評估並不單是評估學生表現，而是為改進學生學習，改善教師教學。這正是蛻變中的語文評估的真義。

析論香港小學中國語文科教師為學生準備「全港性系統評估」(TSA)的策略

　　為了配合香港二十一世紀如火如荼的課程改革，為了更有效地輔助學與教，評估（assessment）乃須作出相應配合。香港教統局在（2000）提出在學習基礎階段設立基本能力評估，藉此推動評估改革，促進學生學習。基本能力評估分為「學生評估」和「全港性系統評估」(TSA) 兩部分。「學生評估」是以網上形式進行，主要讓教師了解本校學生在中、英、數三科的學習表現，藉此作出相應的補救對策。「全港性系統評估」則以紙筆形式進行，為學校提供一些數據，顯示校內小三、小六或中三年級學生是否達到基本的學科水準。政府亦可參考這些資料，了解香港學校教育的成效。為了確保學生達致基本水準，教師會運用不同的策略幫助學生應付「全港性系統評估」。究竟他們怎樣為學生準備「全港性系統評估」？本研究主要從這方面探討，研究經費來自香港教育學院語文學系研究基金。

壹、文獻綜述

一、「全港性系統評估」

　　「全港性系統評估」於 2004 年已在小三試行，到 2006 年，已全面在小三、小六和中三施行。設立「全港性系統評估」的目的主要是協助學校管理階層了解學生在主要學習階段（小三、小六及中三）結業時，於中、英、數三科基本能力的整體表現，藉以回饋教學、優化課程設計和改善教學策略，以及讓政府為有需要的學校提供支援及監察教育政策執行的成效（香港教統局，2000，2004）。它只是提供客觀數據給學校和政府參考。每年各校都收到「全港性系統評估」報告，資料只限該學

校參閱，香港教統局（2006）強調資料和數據不可用於學校與學校之間的比較；更不可用於學生與學生之間的比較。這些具參考價值的資料是用來提升教學素質。

「全港性系統評估」是一套輔助學與教的工具，屬於低風險的評估計劃。它不算是一個公開考試，不是用來甄別學生的能力。它不會列出個別學生的成績，影響他們的升學，「全港性系統評估」與升中派位的機制完全無關。學校若進行過量及機械式操練，則會適得其反，為教師及學生加添不必要的工作量和壓力（香港考試及評核局，2006）。

小學中國語文科的評估範疇包括聆聽、閱讀、寫作、說話、視訊。聽、說、讀、寫試卷的擬題是根據《中國語文學習階段基本能力（第二試用稿）》、《小學中國語文科課程綱要》、《目標為本中國語文學習綱要》等課程文件設計（香港考試及評核局，2006）。閱讀評估分兩部，第一部分的篇章大都以記敘文或說明文為主；第二部分是實用文【台灣地區稱為「應用文」】。兩部分主要評估學生對篇章的理解能力。寫作評估設有實用文和短文兩部分，主要是提供情境給學生寫作。聆聽評估大都以對話為主，目的是評估學生聆聽能力。說話評估分兩部分：一是看圖說故事或口頭報告，二是小組交談或討論。視聽資訊旨在評估學生在閱讀和聆聽範疇中「能明白視聽資訊中簡單的信息」的能力（香港考試及評核局，2005）。

紙筆評估（聽、讀、寫範疇的評估）每年大約在 7 月初進行，全港小三與小六級學生必須參加，說話評估和視聽資訊則以隨機抽樣方式進行。測試後各校收到考試局的評估報告，報告分兩類：學校報告和題目分析報告。學校可憑報告了解校內學生的表現。同時考試局亦會公佈「全港學生基本能力報告」，整體指出全港學生中、英、數的表現。中國語文科「全港性系統評估」，達到基本水準的學生的百分率持續上升，在 2004 至 2006 年達到基本水準的小三學生的百分率由 82.7% 增至 85.2%，在 2005 及 2006 年達到基本水準的小六學生的百分率則由 75.8% 增至 76.5%（香港考試及評核局，2006）。學生的進步，其中一個重要原因是教師們花了很多時間和心思幫助學生應試。

二、教師為學生準備測試所用的策略

　　現時很多國家的公開考試是屬高利害測驗（high-stakes test），意思是指測驗結果對接受測驗的學生來說意義重大。學生在這測驗中能否獲取高分數的成績，對他們的前途影響深遠。因此教師運用很多策略，幫助學生準備應試，西方文獻在這方面論述較多；而中國在這方面的論文則較少，這可能是自古以來，中國人認為考試是要靠個人的努力（Hau& Ho，2008），苦讀最為重要。綜合西方所論，教師可從課程、教學和應試技巧等三方面為學生準備應試的策略。現分述如下：

（一）課程

　　課程和測驗的關係是怎樣的呢？Wilde（2002）認為不應過分強調課程與測驗的關係，他指出若課程發展全是建基於測驗的內容，這是不當的。Aderson 和 Wall（1993），Wall（1997）則認為課程和測驗的關係可產生「倒流效應」的現象（Washback Effect），評估由原本用作評估學生所學變成主導學習，測試的內容直接影響教師對課程的規劃和教學，影響學生的學習。其實課程與測驗的關係是密切的。測驗是一種評估方法，一方面用以判定學生在課程所學，另一方面教師可將測驗內容視為課程規劃的其中一部分，甚至是用測驗的成果調整課程的設計。根據Popham 的解釋，董奇（譯）（2003）指出只要評估的結果意義重大，教師們就會將這些測驗內容作為教學重點，使學生們在這類測驗中表現出色，那麼這類測驗無形中充當了課程的磁石。但是課程和測驗關係過份強調，則變成了以測驗為主導的課程，這是不當的做法。

（二）教學

　　為了幫助學生應付測驗，很多教師運用下列兩種教學的策略：一是教師就「測驗方向來施教」（Teaching to the test）（Powell，1999；Menken，2006），Powell（1999）認為為了幫助應付公開考試，教師先配應預先釐訂課程目標和測驗目標，值得注意的是釐訂的課程目標的

範疇必須較測驗目標為廣，那麼教師只是就測驗方向來施教，施教內容以測驗內容為主，但也有其他測驗內容範疇以外的教學目標。另一種做法是教師只教授測驗內容。Kaufhold（1998）稱之為「為測驗而施教」（Teaching for the test），意思是教師所用的教材全是過往測驗的內容，因此教師所教的內容是非常狹隘，學生要學的內容減少了，亦違背了測驗的原意而忽略其他有益學生成長的課程目標和教學內容。近年 Mertler（2007）認為教師應清楚明白測驗的目的和重點，施行優質教學，即是透過課堂活動幫助學生認識和掌握測驗內容的重點。換言之，教師並不是直接教授測驗的題目，而是教師在教學設計上融合測驗內容的重點幫助學生應試。

(三) 應試技巧 (**Testwiseness skills**)

根據 Mertler（2007）的說法，教師也應指導學生應試技巧。Popham（1991）認為應試技巧可分為多種，例如過往測驗準備（即熟習曾考過的試題）、現今測驗準備（即熟習最新的試題）和一般應試技巧等。Smith（1991）認為學生若能習慣測驗的內容和形式，確實能幫助他們應付測驗。因此很多教師給學生分析過往的測驗題目，和給予與測驗形式相似的試題作練習。學校也會為學生舉行模擬測驗（Powell，1999），目的是讓他們熟習應試的環境。在模擬測驗結束後，教師應分析學生的強弱項目，和學生討論他們的表現從而強化他們的學習。教師也會提示學生一般的應試技巧，例如教導學生小心看試題，要注意應考時的時間分配，先做較容易的題目，較艱深的留待有時間才思考等（Mertler，2007）。

此外，學校和教師還有很多其他策略幫助學生應試。例如：Powell（1999）指出學校可組織應試籌備小組，全盤規劃學生應試的策略。在澳洲甚至實行「營房計劃」（Campus Plan），聘請額外導師幫助學生應付公開考試（Veach,1999）。另外 Mertler（2007）認為教師應鼓勵學生應試的動機和信心，要引導學生以正面態度面對測驗，這也是非常重要的策略。教師可解釋測驗的目的，令學生樂於應試。

三、近期香港的研究

近年香港有關小學教師對中文科評估意見的研究，見於張國松、廖佩莉和張壽洪（2006）的論文。該研究說明香港教師十分關注測試，而學校也極重視「全港性系統評估」。侯傑泰和何穎欣（2008）的研究指出學校運用很多時間去操練學生，學生的成績因此不斷上升，於是學校花更多時間去操練這個狹隘的考試內容，這實在是浪費實貴的時間。廖佩莉（2007）指出了大部分教師認為「全港性系統評估」影響他們教學，他們發揮教學的空間甚少。教師運用了什麼策略幫助學生應付這項考試？他們對所用的策略有何意見？本研究便嘗試以「全港性系統評估」作平台，深入探討。

貳、研究背景和問題

「全港性系統評估」全面推行至今已有三年，一般教師對它的推行有頗多意見，筆者在香港教育學院任教在職教師的八周複修課程，其中「中國語文單元教學與新的評估模式」是必修單元，課題包括「全港性系統評估」。教師對這課題非常關注，因彼等學校也很看重「全港性系統評估」。

香港教育文件明確指出「全港性系統評估」是低利害測驗，不會影響學生的升學，但為什麼學校會那麼重視這個測試？原因有兩個：一是「全港性系統評估」的報告明確指出個別學校內一般學生能力的表現，校長當然不想校內學生的能力比一般的水準低。香港教育界有傳聞指出若學生表現水準沒有進步，學校增值指標便會降低，因而影響學校的聲譽，所以對學校來說，其實是「高利害測驗」；二是「中一入學前香港學科測驗」是學生升中派位的依據，所考的內容和形式與「全港性系統評估」相近，當然「學科測驗」程度較深，所以教師認為學生應要熟習「全港性系統評估」的形式，使他們更有信心應付「中一入學前香港學科測驗」，若學生在這測驗表現良好，便有助提升學校的名望。對學生而言

「全港性系統評估」是屬於低風險測試（不會對他們有重大影響），但對學校來說卻產生間接影響的一種測試。

由於學校很重視「全港性系統評估」，教師亦要因應校方的需要，各出其謀，運用不同的策略為學生準備「全港性系統評估」，希望學生能獲得良好的成績。因此，本研究主要是探討下列兩項問題：

(1) 小學中文科教師有甚麼策略為學生準備「全港性系統評估」？

(2) 小學中文科教師對所用策略有什麼意見？

參、研究方法

本研究採用定量研究(Quantitative Approach)和定性研究(Qualitative Approach) 兩種研究方式。定量研究是採用問卷調查方式；定性研究是採用與教師面談方式。研究對象是香港小學中國語文科教師；研究樣本選自 2008-2009 年度，修讀香港教育學院中文學系舉辦的小學語文科教師專業進修課程的學員。

由於「全港性系統評估」是一個較新課題，為了準確地設計問卷內容。筆者首先邀請兩位任教小三和小六的教師接受訪問，根據訪問內容，研究小組擬訂問卷初稿，然後邀請兩位教師試填，再根據試填教師的意見修訂問卷，訂定問卷正稿。正稿再經兩位專家學者判定所有題目是否配合研究的目的和要求，是否符合表面效度，又稱邏輯效度（亓萊濱等人，2003），然後才派發給教師填寫。

問卷分為三部份：甲部是受訪者個人資料；乙部受訪者對 TSA 的看法和幫助學生應付 TSA 的經驗；丙部是用文字寫下意見。本研究亦採取訪談方式，目的是建基於問卷的調查結果，更深入的收集中文科教師對「全港性系統評估」的看法。訪談對象及取樣方法是以「配額取樣法（quota sampling）」方式，邀請六位第一線教師接受深入訪問。

肆、研究結果

本研究派發了九十份問卷，收回七十四份，回收率達百分之

八十二。本研究又邀請六位教師作深入的面談。他們來自不同學校，具有不同教學年資，而具一至五年教學經驗者佔多數 (33.8%)，具有二十一年或以上的教學年資佔少數 (9.3%)，其餘具六至十年教學經驗者佔 16.2%，具十一至十五年教學經驗的佔 27%，具十六至二十年教學年資者佔 13.5% (見表一)。

表一：教師的教學年資

年資	百分比
1-5 年	33.8%
6-10 年	16.2%
11-15 年	27%
16-20 年	13.5%
21 年或以上	9.5%

為了解問卷量表的可靠性及一致性，本研究是計算 Cronbach α 係數用以審視量表的信度。α 係數越高，表示信度越好。一般而言，α 在 0.80 以上，則量表的信度可謂非常良好。問卷中各分量表的 α 係數是「設計課程的參考資料」為 0.7092、「施教內容」為 0.7263、「應試技巧」為 0.8214、「壓力因素」為 0.8447，總量表 α 係數為 0.8823，這顯示量表的內部一致性之信度頗佳。

接受訪問的六位教師，均來自不同學校，教學年資在五年以上，對教學工作有相當認識，對本研究獲得深入而準確的資料大有幫助。本研究引述各受訪者的意見時，將以 T1、T2、T3、T4、T5、T6 為六名受訪者的代號。

一、教師所用的策略

(一) 教師在課程規劃時曾參考「全港性系統評估」有關的資料

表二顯示大部分教師在設計各年級語文科課程時，重要的參考材料包括教科書 (89.1%)、《小學中國語文科課程指引》(86.1%)、《小學中

國語文科建議學習重點》(87.5%)；其次是《基本能力指標》(64.8％)、《全港性系統評估學校報告》(60.2%) 和「全港性系統評估」相關的考卷 (54.9%)。

表二：設計課程的參考資料

項目	回應人數 (所佔百分比)				平均值 (S. D.)
	1	2	3	4	
《小學中國語文科課程指引》	0 (0%)	10 (13.9%)	37 (51.4%)	25 (34.7%)	3.21 (0.67)
《小學中國語文科建議學習重點》	0 (0%)	9 (12.5%)	39 (54.2%)	24 (33.3%)	3.21 (0.64)
教科書	2 (2.7%)	6 (8.2%)	38 (52.1%)	27 (37.0%)	3.23 (0.71)
「全港性系統評估」考卷	3 (4.2%)	29 (40.8%)	28 (39.4%)	11 (15.5%)	2.66 (0.79)
《全港性系統評估學校報告》	5 (7.0%)	22 (31.0%)	31 (41.9%)	13 (18.3%)	2.73 (0.84)
《基本能力指標》	4 (5.6%)	21 (29.6%)	40 (56.3%)	6 (8.5%)	2.68 (0.71)

(1：代表非常不重要 2：代表不重要 3：代表重要 4：代表非常重要)

　　雖然部分教師曾參考「全港性系統評估」相關資料來設計課程，但其重視程遠不及教科書和課程指引。以下是教師的解說：

　　　　因為 TSA (全港性系統評估) 所指基本能力其實是從課程綱要和課程指引裏面的教學目標輯錄出來的，TSA 的內容重點並非無中生有……教科書也是依照課程指引來設計！我們便依它來規劃課程。(T6)

　　這位教師正好解說「全港性系統評估」中的基本能力指標並不是規劃課程最重要的資料，但有教師表示會考慮將「全港性系統評估」的考核內容作為課程規劃的依據：

譬如六年級，學生要學八種實用文，那麼教師會在四、五年級設計課程時，加插某些實用文，希望透過大量閱讀這些實用文，跟着再進行模仿寫作……務求在四、五年級時，已經幫助他們學習大部分的實用文，學生升上六年級時就沒有那麼吃力了。(T4)

(二) 教師就測驗內容來施教

雖然「全港性系統評估」對教師做課程規劃方面的策略影響不大，但對他們的施教內容卻有直接影響。超過六成教師 (67.6%) 贊成參考 TSA 的考試內容，設計教學重點。換言之，大部分教師能針對「全港性系統評估」的考試內容來施教 (Teaching to the test)，但 TSA 所測考的內容並不是教學的全部，教師還須釐訂很多教學目標。至於教師平日的教學內容，改動不大，只是特別留意「全港性系統評估」所測考的內容，有教師指出他們在授課時會融入一些「全港性系統評估」的試題內容。例如有教師舉出下列兩個例子：

學生在 TSA 試卷中閱讀理解的深層題目掌握不佳，我身為課主任，自然希望同事能在授課時，請小朋友（學生）回答一些深層理解的提問。(T4)，

如果學生對找文章的中心句比較弱的話，我在課堂上便幫助他們如何找中心句，在課堂中多用課文為例，教導他們怎樣找中心句。(T3)

但亦有一位教師表示平日課堂沒有特別針對「全港性系統評估」的內容，他說：

我覺得平時課堂教學做得好，根本不須特別為 TSA 去備課。如學生課堂表現沒問題，他們便有一定的基本能力。(T5)

本研究發現不到一成 (6.8%) 的教師認同教學重點全是「全港性系

統評估」的考試內容，不設其他教學目標，他們只是「為測驗而施教」
(Teaching for the test) 而已。由於很多教師 (67.6%) 能就「全港性系
統評估」所測考的內容來施教 (Teaching to the test)，其中有接近六成
(59.5%) 教師認為這是阻礙他們教學的空間。原因之一是教師會利用課
堂幫助學生做練習，其中一位教師表示：

> 我們請學生買坊間補充練習，有時又給他們一些額外練
> 習，在課堂上和他們一起做練習，做完又和他們討論。(T2)

另一原因是臨近「全港性系統評估」時，教學進度和內容受影響，
有教師舉例：

> 臨近 TSA 的時候，某程度上會打亂了我的教學進度，例如
> 學生要考說話時…… 為了加緊操練，便會打亂了原本的教學方
> 向 (T1)

(三) 教師加強操練學生的應試技巧

很多教師深信 Smith (1991) 的說法，他們認為若學生能習慣測驗
的內容和形式，確能幫助他們應付測驗。本研究發現大部分教師 (77%)
指出學生是需要操練 TSA 的試題。35% 教師認同他們用了很多時間操
練學生做「全港性系統評估」做練習，操練主要分為三方面：一是絕大
部分教師 (87.8%) 指定學生購買坊間 TSA 的補充練習。二是教師給學
生補課 (66.2%)，課上和學生做練習。三是要學生熟習 TSA 的試卷內
容和題目類型，校內評估模式也相應配合。本研究發現教師在校內擬訂
考試試卷形式 (73%) 和內容 (63.5%) 與「全港性系統評估」的考卷是
相似，讓學生熟習 TSA 的試題，務求他們取得良好成績。有教師坦白
表示：

> ……我們在一至六年級校內考試已儘量貼近 TSA 模式……
> 包括考試時間和題數……因此校內試卷和 TSA 試卷都會大致相

同，……同時我們都會給學生一些操練性練習，幫助他們應付這個考試，給他們掌握題型或考核的內容，所以的確需要學生買一些補充練習，和做一些過往 TSA 的試題……（T4）。

本研究問卷中的丙部，有教師亦坦然寫下意見：

> 學校中、英、數三科完全被它（TSA）牽着走，考試卷、工作紙……很多功課都跟它有關。

可見教師認為操練式的練習和校內評估模式貼近「全港性系統評估」，是能幫助學生應試。至於其他應試技巧，本研究發現很小部分的教師（9.5%）會與任教小三和小六教師成立「全港性系統評估」準備小組，商討幫助學生應試的方法。至於 Mertler（2007）提出教師應鼓勵學生，加強學生應試的動機和信心，受訪教師認同這說法的並不多。希望增加學生應付「全港性系統評估」的信心的只佔 37.8%。只有少數教師會特別輔導成績較差的學生（24.3%）。其中一位教師解說輔導學生的一些策略：

> 或者休息時我再和學生補習，譬如他的說話能力較弱，我會指導他一些說話技巧，鼓勵他多說一些。（T3）

由此可見教師輔導學生的時間有不足之處，是比較隨意的。

（四）教師對「全港性系統評估」報告的跟進不足

不足四成的教師（37%）認為「全港性系統評估」報告中的數據能幫助設計課程。四成多（43.8%）認為「全港性系統評估」報告中的數據能幫助他們反思教學。不足三成的教師（29.7%）認為報告能幫助他們提高教學素質。很多教師對「全港性系統評估」的報告（指官方給個別學校的報告和分析題目報告）沒有足夠的跟進。六位受訪教師中，只有一位表示對報告有積極的跟進。他根據數據，分析學生的表現，然後撰寫報告給校長。但也有一位教師表示從沒有看過這類考評局給學校的個別

報告。其他四位表示他們只是籠統地從校長和主任口中得知報告的內容而已。而他們對報告的內容認識不多，因此在課程和教學設計上的跟進是不足夠，只有一位教師提及運用報告的意見來幫助學生應試。

其次，六位受訪者中，只有一位參加由考評局舉辦的「全港性系統評估」報告後的跟進工作坊，他表示：

> 每年考評局發表報告後都會舉辦一些促進學習的評估工作坊，我都會參加的……主要是學習怎樣將數據配合學校的情況，改善學校的語文教學。(T6)

可惜大部分受訪者並沒有參加這類工作坊，因此很多教師未能清楚明白怎樣運用報告中的數據來改善教學和規劃。

(五) 其他策略

1. 教師自我裝備

為了幫助學生應試，教師會裝備自己，加深對「全港性系統評估」的認識。大多數教師是有準備的，沒有特別準備的教師只佔 4.1%。有準備的包括曾參考官方「全港性系統評估」的試題 (77%)，參考坊間「全港性系統評估」的試題 (67.6%)；參考官方給個別學校的「全港性系統評估」的報告 (62.2%) 和參考全港學校「全港性系統評估」的報告 (54.1%)。但是只有 12.1% 教師曾參與有關「全港性系統評估」講座。亦有一位受訪者表示，他會特別申請做「全港性系統評估」改卷評核員，以便知道評分的標準，幫助學生在 TSA 中取得佳績。

2. 教師早在半年至一年前已為學生部署應試策略

「全港性系統評估」在小學三年級和六年級下學期舉行，五成學校在小三上學期開始為學生準備應考。一成多 (18.9%) 學校在小二下學期開始，不足一成 (7%) 學校在小一時教師已開始為學生準備。而超過四成學校 (47.9%) 早在五年級時已開始準備，在六年級上學期開始準備

的學校則 25.4%，在小四開始的只佔少數（11.3%）。由此可見大多數學校是預備了一至兩學期，大約是半年至一年的時間來幫助學生應試，準備的時間是充足的。

二、教師的意見

（一）教師的壓力

大部分教師（59.5%）認同「全港性系統評估」的理念。然而大部分教師（82.4%）認為這評估帶給他們壓力，超過五成教師（54%）擔心今年的成績不如往年；又超過五成（51.3%）教師擔心學生表現不佳會影響校長對他們的評價。教師的壓力主要來自教學和學生的成績上。就教學而言，有兩位教師表示臨近「全港性系統評估」時，他們要利用課堂時間給學生做練習，因而影響他們的教學進度。就學生的成績來說，大部分受訪者（四位）表示他們有壓力。其中一位教師表示：

> 當然有壓力……其實我很希望小朋友（學生）考到好成績，取得成功感。另一方面，我希望校長覺得我做得不錯，對 TSA 的成績滿意。我們都有心理壓力。（T4）

六位受訪教師中，有兩位認為壓力卻不大。有教師表示如果不是身為科主任的話，應該沒有甚麼壓力。即使是和學生補課和做練習，壓力也不大。所以他們面對的壓力，視乎他們本身怎樣看待「全港性系統評估」，甚至是校長對評估的看法。

（二）學生的壓力

大部份（五位）受訪教師認為他們運用的策略對小學生造成一些壓力，原因是他們年紀小，尤其是三年級學生，要他們不斷做練習和考試，對他們來說，是一種挑戰和壓力。即使「全港性系統評估」對學生沒有產生直接影響，但是他們仍要面對受「全港性系統評估」而影響的校內考試，其中有教師解釋：

其實我覺得小朋友（學生）都頗可憐，因為我們（教師）設計的考卷（學校本身考試試卷），除了有 TSA 的題型和內容外，還有其他 TSA 以外的考題，所以小朋友（學生）要應付考試的時間其實很長……比考 TSA 更長。依我看，校內考試內容和形式只會有加無減，這樣學生是有壓力的。(T2)

有教師直言這策略有違愉快學習的理念，他說：

學生去考 TSA……學校無形中要操練學生呀…… 這不符合早前政府極力推行的愉快學習，簡直是有衝突呢！因為學校無形中要操練學生呀……都會給學生一些壓力……學生就不可以愉快地學習啊！ (T3)

但亦有一位教師表示這壓力是有好處的，因為這可帶給學生推動力，使他們認真學習。雖然教師所用策略可帶給學生壓力，但也可帶給他們推動力。

伍、討論

一、策略與「倒流效應」

Wall (1997) 認為課程和測驗的關係可產生「倒流效應」現象，即測試的形式和內容直接影響教師對課程的規劃、教學和校內評估設計。本研究發現教師幫助學生的應試策略是受「倒流效應」的影響，這點是可以肯定的，但並不致影響深遠。值得注意的是教師為了要加強學生的應考能力，熟習「全港性系統評估」的題型和所考核的內容，於是教師在校內評估，包括測驗和考試，無論在形式上和內容上都跟隨了「全港性系統評估」，但在課程規劃和教學上的策略方面並沒有很大的改變。「全港性系統評估」只是評估學生能否掌握所學，但不致主導學習，雖然教師在課程規劃時，也有參考與「全港性系統評估」的《基本能力指引》或

相關資料，但其重視程度遠不及教科書和《小學中國語文課程指引》。教學方面，教師在課堂上會融入「全港性系統評估」所測考的內容來施教。教師在課堂上所用的教學法沒有改變，他們仍是沿用自己慣常使用的教學法，但無可否認，教師曾花時間操練學生。

二、操練式訓練的影響

本研究發現教師不斷給學生做坊間的「全港性系統評估」練習，這些操練式訓練，確能使學生熟習「全港性系統評估」的試題，掌握應試技巧，這是最直接和快捷的方法來幫助學生應試，這也是教師一向沿用的傳統方法。但這些操練式訓練對教師和學生也有影響。有教師認為他們可發揮的教學空間少了，原因是他們花了不少時間去操練學生，並未能幫助學生建構所學。學生面對操練式的練習，感覺學習沉悶。試想學生要面對沉重的練習，學習興趣又怎會增加呢？這不是與現時教育界提出的「愉快學習」的理念背道而馳嗎？教統局提出在學習基礎階段設立「全港性系統評估」，原意是藉此推動評估改革，促進學生學習。但若學校過份注重運用傳統方式來操練學生應付校外和校內評估的話，這似乎有失「全港性系統評估」的原本意義。

三、策略未能全面促進教與學

香港教統局在《香港教育制度改革建議》中，提出在學習基礎階段設立「全港性系統評估」，藉此推動評估改革，促進學生學習。主要目的是協助學校管理階層了解學生在主要學習階段（小三、小六及中三）基本能力的整體表現，希望藉此資料回饋教學和改善教學策略。董奇（譯）（2003）曾指出有效的測驗能改善一位教師的教學效果，可見測考的其中一個重要意義是提升教與學的素質。可是本研究發現大部分教師只會在課堂教學上加入「全港性系統評估」所測考的內容，加強學生學習，但本研究並沒有顯示教師怎樣輔導不能達到目標的學生。更重要的是教師對「全港性系統評估」報告跟進的工作，例如分析學生表現，從而規

劃課程和促進學生學習這方面都確實有不足之處。

四、教師在認知和實踐上的矛盾

　　教師是否不知道「全港性系統評估」報告的重要性呢？本研究發現一個矛盾的現象：絕大部分教師 (95.9%) 認為學生考完「全港性系統評估」後，最重要的是分析學生的表現，其次是根據「全港性系統評估」的報告檢討教學的得失 (91.9%)；但有趣的是教師的想法在實際的情況中卻出現矛盾。只有 43.8% 教師同意「全港性系統評估」報告中的數據能幫助他們反思教學，又只有少數教師 (29.7%) 認同這個評估能提升教學素質。教師在認知和實踐間出現的矛盾，可歸結兩個可能性：一是很多教師根本沒有看過考評局給學校的報告，他們都是從校長和科主任口中間接得知，沒有看過報告中詳列的數據，他們怎能詳細分析學生表現？二是縱使教師看過報告，他們怎樣從數據中分析學生的表現，釐訂課程和教學策略，從而促進學習呢？其實教師在這方面是需要學習的。

五、策略與教師壓力的來源

　　本研究發現大部分教師在幫助學生面對「全港性系統評估」方面都感到有壓力，但小部分教師則沒有感到壓力。為甚麼會出現這種情況？原因是教師所面對的壓力，很視乎本身任教學校的學生程度、招生率和校長對「全港性系統評估」的重視程度。若學生程度只是一般或成績較差的，加上學校招生情況未如理想，教師和校長會擔心學生在評估的表現會影響教統局對學校的印象，甚至以此評定學校的素質。教師更擔心學生表現不理想時，校長會認為他們教得不好，未盡責任。那麼教師便運用操練式策略來幫助學生應試，其實他們要承受不少的壓力。但若學生程度不錯，加上招生情況理想和校長不大重視「全港性系統評估」，這些教師所受的壓力便不大，他們只用平常心看待這個評估，他們不須用特別策略來幫助學生應試，壓力也較少。

陸、總結

　　總括而言，本研究發現教師很盡心盡力為學生準備應付「全港性系統評估」，很多教師感到有壓力的。大部分早在半年至一年前已為學生部署應試策略，尤其是會幫學生熟習一些應試技巧，包括請學生購買坊間「全港性系統評估」練習和補課，幫助學生操練試題，甚至校內考試的內容和形式也盡量配合。雖然教師在課程規劃上，「全港性系統評估」並不是規劃課程最重要的參考資料，但是他們會參考「全港性系統評估」考核內容作課程內容。至於教師平日的教學內容和活動則改動不大，只是特別留意「全港性系統評估」所考核的內容，在授課時便融入這些內容，教師可針對「全港性系統評估」的內容來施教（Teaching to the test）。但是本研究發現教師較忽略測試後的跟進策略。教統局實施「全港性系統評估」的目的是就學生基本能力的整體表現，來回饋教學、優化課程設計和改善教學策略，因此研究建議學校可參考下面的應試策略：

　　首先，在課程規劃方面，校長和科主任接到「全港性系統評估」校內學生報告時，必須將報告給教師參閱，和他們一起分析學生的學習情況。就學生的表現，修訂課程，商討如何照顧學習差異的學生。學校必須善用「全港性系統評估」報告的數據作優化課程的依據。其次，在教學策略方面，教師不應太偏重單一化操練式練習，可設計多樣化的學習活動，強化學生的學習。他們可在課堂活動加入「全港性系統評估」的元素，例如說話教學，設計與評估相關說話的活動，如小組討論和看圖說故事等，不須在臨近考「全港性系統評估」時才補課。若教師能設計課堂活動加強學生對「全港性系統評估」所考內容的認識，避免學校過分重視操練式的練習和測考，相信學生更能愉快學習。再者，在評估方面，教師可多根據基本能力的要求，設計多元化的評估活動，例如讓學生自評和互評，讓他們明白「全港性系統評估」的評分要求，培養學生對自己學習的反思能力。要達致上述建議的成效，教育機構和教統局必須加強教師的專業培訓，多為教師舉辦交流會和專業進修班，提升教師

對「全港性系統評估」的認識，從而優化他們的課程設計和教學，促進學生學習。以上研究的發現和建議，希望能供香港和其他進行評估改革的地區作參考。

參考文獻

亓萊濱、張亦輝、鄭有增、周朋紅、楊雲（2003）調查問卷的信度效度分析。**當代教育科學**，22，53-54。

香港教統局（2000）。**香港教育制度改革建議**。香港：香港印務署。

香港教統局（2004）。**教育改革進展性報告（二）**。香港：香港印務署。

香港教統局（2004）。**教育改革進展性報告（三）**。香港：香港印務署。

香港教統局（2006）。**教育改革進展性報告（四）**。香港：香港印務署。

香港考試及評核局（2006）。**全港性系統評估第一至第三學習階段中國語文、英國語文科、數學科學生基本能力報告摘要**。香港，香港印務署。

侯傑泰、何穎欣（2008）。學習回饋及系統監察：香港的經驗。**教育研究與發展期刊**，4(4)，1-18。

張國松、廖佩莉、張壽洪（2006）。香港小學中國語文教師對評估的認識狀況研究，論文發表於全球化中的教育研究、政策與實踐光碟，香港。

廖佩莉（2007）。理念與實踐：香港小學中國語文科教師對語文評估的意見調查。**教育曙光**，55(1)，51-58。

董奇（譯）（2003）。**促進教學的課堂評價**。北京：中國輕工業出版。

Alderson, J. C. & Wall, D. (1993) . Does Washback Exist? *Applied Linguistics,* 14 (2), 115-129.

Hau, K. T. &Ho, I. T. (2008) . Editorial: Insights from research on Asian students'achievement motivation. *International journal of Psychology,* 43, 865-869.

Kaufhold, J. (1998) . What's wrong with teaching for the test? *The School Administrator,* 12, 9-11.

Menken, K. (2006) . Teaching to the Test: how No Child Left Behind Impacts Language Policy, Curriculum, and Instruction for English Language learners, *Bilingual Research Journal,* 30 (2), 521-546.

Mertler, C. A. (2007) . *Interpreting Standarized Test Scores, Strategies for data-driven instructional Decision- making.* London：Sage.

Popham, W. J. (1995) . *Classroom assessment: what teacher needs to know.* Bosten: Allyn and Bacon.

Popham, W. J. (1991) . Appropriateness of Teachers Test-preparation practices. *Educational Measurement: Issues and Practice,* 4,12-15.

Popham, W. J. (2003) . *Test better, Teach Better, The Instructional Role of Assessment.* Virginia: Association for Supervision and Curriculum Development.

Powell, S. W. (1999) . *Teaching to the test. High School Magazine,* 6 (3), 34-37.

Smith, M. L. (1991) . Meaning of Test Preparation. *American Educational Research Journal,* 28 (3), 521-542.

Veach, A. (1999) . Preparing for Exist Tests in Texas. *Info-File Providing an overview and general understanding of professional information and thinking on a specific educational topic or issue* (pp.36-37) . VA.：Arlington,

Wall, D. (1997) . Impact and Washback in Language Testing. In C. Clapham&D. Corson (Eds.), *Encyclopaedia of Language and Education, Vol.7. Language Testing And Assessment.* Bosten: Kluwer.

Wilde, D (2002) . *Testing and Standards, A Brief Encyclopedia. Portsmouth,* NH：Heinemann.

(轉載自廖佩莉 (2009)：析論香港小學中國語文科教師為學
生準備「全港性系統評估」(TSA) 的策略，
《教育研究與發展期刊》，5(4)，頁 109-128。)

倒流效應：香港全港性系統評估 (TSA) 對小學中國語文科教師的影響

壹、前言

　　一直以來，香港考評局舉辦的考試對學生和教師的影響很大。為了幫助學生應考，教師總是教授學生要考的，這種倒流效應現象大都被認為是負面的。香港教統局在 2006 年全面施行「全港性系統評估」（Territory-wide System Assessment, TSA），許多香港學校均非常重視這個測試，主要原因是，TSA 的報告明確指出個別學校內一般學生能力的表現。校長當然不想校內學生的能力比一般的水準低，從而影響學校的聲譽和招生，因此，教師忙於幫助學生應試，學生也要應付不斷的練習和頻密的測試。為了減少學生應試的壓力，香港教育局在 2011 年底宣布 TSA 由每年舉行改為兩年舉行一次。其實 TSA 已行之有年，也該是進行檢討的時候了。究竟教師認為 TSA 對他們產生了什麼影響？TSA 對他們在課程設計、教學、評估學生和個人方面產生了甚麼倒流效應呢？是不是全是負面的呢？本研究主要從小學中國語文科教師的角度探討這問題，研究經費來自香港教育學院語文學系研究基金。

貳、文獻回顧

一、全港性系統評估 (TSA)

　　TSA 是針對學生進行中、英、數三科的考試測試，從而為學校提供一些數據，顯示校內學生是否達到基本的學科水準。設立 TSA 的目的，主要是協助學校管理階層了解學生在主要學習階段（小三、小六及

中三），於中、英、數三科基本能力的整體表現，藉以改善教學策略和優化課程設計，並讓政府為有需要的學校提供支援，以及檢核教育政策執行的成效（香港教統局，2000，2004）。它只是提供客觀數據給學校和政府參考。每年各校都收到 TSA 的試後報告，報告分兩類：學校報告和題目分析報告，資料只限該校參閱。學校可憑這些報告了解校內學生的表現。香港教統局（2006）強調，報告的資料和數據不可用於學校與學校之間的比較；更不可用於學生與學生之間的比較。這些資料具某些參考價值，可用來提升教學的素質。如果學校進行過量及機械式操練，則會適得其反，為教師及學生增添不必要的工作量和壓力（香港考試及評核局，2006），甚至是產生了倒流效應。

二、倒流效應（Washback Effect）

很多學者（Alderson & Wall，1993；Cheng & Curtis，2004）認為，在應用語言（applied linguistics）的評估常出現「倒流效應」（Washback effect）的現象，意思是指語言科的測考內容直接和間接影響教和學。也就是，學生要考什麼便影響教師要教甚麼，這現象便稱為「倒流效應」（Cheng & Falvey，2000；Chen，2002；Morris，1990；Morrow，1986）。換言之，測試的形式和內容直接影響教師對課程的規劃、教學和對學生在校內評估設計（Wall，1997；Wall & Alderson，1992）。有研究指出越是「高利害的測試」[1]，倒流效應則越大（Alderson &Wall，1993）；要是「低風險的測試」[2]，倒流效應則較少（Shohamy et al.，1996）。「高利害的測試」促使學校和教師積極幫助學生應試，從而產生「倒流效應」。

「倒流效應」現象可分為正面的倒流效應（positive washback effect）

1　高利害的測試是指這測考對學生和學校有極大的影響，例如測考成績會影響學生的前途。
2　低風險的測試是指這測考對學生和學校有沒有大的影響，例如測考成績不會影響學生的前途。

和負面的倒流效應（negative washback effect）（Bailey，1996；Cheng，2000）。根據 Pearson（1988）的説法，正面的倒流效應是評估學生的考試能帶動教與學和課程的正面的影響。即是教師和學生對這考試有良好和積極的看法，並達到評估與學習的預期目標（Cheng & Curtis，2004）。相反地，負面的倒流效應是指評估學生卻帶動教與學的負面的影響，例如學生要強記題目內容，學生和教師對考試感到憂慮（Cheng & Curtis，2004）。

（一）正面的倒流效應（Positive Washback Effect）

　　就課程設計方面而言，Stecher 等人（2004）指出，由於華盛頓州針對學生所做的學習評估測試（Washington Assessment of Student Learning [WASL] tests）強調寫作，於是教師可將學生練習選擇題的課堂時間，用來加強他們的寫作能力，這對學生而言的確有所幫助。Cheng（1997）發現香港的英文科口試有討論部分，教師便會在課程中運用角色扮演等活動，來加強學生的討論能力。Lam（1994）認為香港英文科考試（New Use of English, NUE）確實能改善學生的學習狀況，並加強學生運用英文口語的能力，因此可視為正面的倒流效應。就教法而言，有研究（Alderson & Hamp-Lyon，1996）指出，教師認為在幫助學生準備與面對重要考試時，彼此教學相長，這個過程是一種享受。就評估方面而言，教師為學生設計的評估練習或試卷都會根據公開考試內容和形式來制訂，而能實際地能幫助學生應考（Wall & Alderson，1992）。Spratt（2005）指出，如果教師抱着積極的態度幫助學生並運用適當策略幫助學生應考，便能產生正面的倒流效應。

（二）負面的倒流效應（Negative Washback Effect）

　　就課程設計而言，Alderson and Wall（1993）在斯里蘭卡的研究指出，由於公開試注重評估學生的寫作和閱讀能力，於是教師用了很多教學時間用作訓練學生的考試注重的寫作和閱讀技巧，但卻忽視口語和聆聽能力的訓練，只因為後兩者並沒有納入考試範圍；換言之，教師設計

課程時會，只專注在考試的內容。Lam（1994）為此提出批評，認為香港教師花了很多課堂時間為學生準備應付考試的內容，教學內容也因此顯得過於狹窄，可謂是負面的倒流效應。

就教材而言，出版社為了幫助學生應付考試，大都出版以考試為主的教材（Cheng， 1997；Qi， 2004；Shohamy et al.， 1996），而大部分教師自然依賴這些教材施教，幫助學生應試（Alderson & Hamp-Lyons，1996）。Cheng（1997）指出香港教師約花了三分之二的教學時間在以考試為主導的教科書。Lam（1993）認為香港教科書內容是受倒流效應的影響，並批評教師成為教科書的奴隸（Textbook slaves）。Wang（1997）發現這些受「倒流效應」影響的教科書，內容設計是有缺點的，例如有些練習欠缺評分機制等，這對訓練學生的自評能力並無任何幫助。Andrews 等人（2002）更批評以考試為主的教材，只會讓學生操練語文考試的內容和形式，沒有好好幫助學生學好語文，而產生負面的倒流效應。同時部分教師過於依賴出版社的教材，他們並沒有自創教材（Alderson & Hamp Lyons， 1996），導致教學便變得僵化、呆板，教學方法的了無新意（Spratt， 2005Wall & Alderson， 1993；Wesdorp， 1982）。

就評估而言，教師為學生設計的評估練習是深受公開考試內容和形式影響，對此，Wall & Alderson（1993）強調教師若是過分注重公開考試內容和形式來評估學生，甚至是直接抄襲公開考試的題目來作校內的試題，只會是帶來負面的影響。學生只會學習公開考試的內容和死記某些題目的答案。不過，教師其實都不喜歡這些對公開考試模式的，很多研究（例如：Cheng， 1998；Watanabe， 2000）指出大部分教師都抱有負面情緒，例如內疚，擔心未能幫助學生在考試中取得好成績，因此他們承受着很大的壓力（Johnstone 等人， 1995）。

三、近期的研究

Tsagari（2007）指出，大部分有關語文測試對教學影響的研究，大

都集中在新考試模式實行後的短時期進行，但她認為未來的研究應多在新考試模式實行一段長時期後才進行，如此才能深入探討它的影響。近期的研究（Hung，2012）發現在英文科用電子學習檔案作評估學生能產生正面和負面「倒流效應」。相較於英文科考試對教與學的研究影響比比皆是（Cheng & Curtis，2004；Munoz & Alvarez，2010），但有關中文科在這方面的研究則較缺乏。

　　香港有關 TSA 的研究並不多，侯傑泰和何穎欣（2008）的研究指出學校運用大量時間去操練學生，實在是浪費寶貴的光陰。廖佩莉（2009）研究發現中文科教師採用很多應試策略，且特別注重幫助學生熟習一些應試技巧，包括請學生購買坊間出版的 TSA 練習和補課，以及幫助學生反覆演練試題。雖然研究指出，他們為學生準備應試的策略受「倒流效應」的影響，但這卻沒有詳細分析此一倒流效應對教師有何影響。

參、研究問題及研方法

　　TSA 自 2006 年推行以來，引起香港教育界一番爭論，例如它對教師、學生和家長產生了很多壓力，以及它應否廢除等。筆者在香港教育學院任教在職教師的八周複修課程，而「中國語文單元教學與新的評估模式」是必修單元，其中的課題包括 TSA。教師對這課題非常關注且捉提出頗多意見，他們並訴說這評估帶來很大的影響。究竟對他們有什麼是影響？本研究主要探討下列兩項問題：

(1) 小學中國語文教師認為 TSA 對他們在課程設計、教學和評估學生方面有甚麼倒流效應？

(2) 小學中國語文教師認為 TSA 對他們個人有甚麼影響？

　　本研究採用定量研究(Quantitative Approach)和定性研究(Qualitative Approach)，其中，定量研究是採用問卷調查方式；定性研究是採用與教師面談方式。研究對象是香港小學中國語文科教師；研究樣本選自 2009 年修讀香港教育學院中文學系舉辦的小學語文科教師專業進修課程的學員，修讀人數 90 人。由於很多教師報名此一課程，所以各小學

只能派一位教師參加;換言之,每位教師代表一所學校,所以研究樣本具有代表性。

由於 TSA 是一個較新的研究課題,為了準確地設計問卷內容。筆者首先邀請兩位任教小三和小六的教師接受訪問,根據訪問內容,研究小組擬訂問卷初稿,然後邀請兩位教師試填,再根據試填教師的意見修訂問卷,訂定問卷正稿。正稿再經由兩位專家學者審視所有題目是否配合研究的目的和要求,以及是否符合表面效度及邏輯效度,然後才派發給教師填寫。

問卷分為三部分:第一個部是受訪者個人資料;第二個部是受訪者對 TSA 的看法;第三個部分是用文字寫下意見。本研究亦採取訪談方式,訪談對象及取樣方法是以「配額取樣法(quota sampling)」方式,邀請六位第一線教師接受深入訪問,他們都是填寫問卷的教師。訪談的目的是建基於問卷的調查結果,更深入的收集中文科教師對「全港性系統評估」的看法。

肆、研究結果及討論

本研究派發了 90 份問卷,收回 74 份,回收率達 82%。本研究再邀請六位教師作深入的面談。這 90 位教師來自不同學校,具有不同教學年資,而具 1 至 5 年教學經驗者佔多數 (33.8%),具有 21 年或以上的教學年資佔少數 (9.3%),其餘具 6 至 10 年教學經驗者佔 16.2%,具 11 至 15 年教學經驗的佔 27%,具 16 至 20 年教學年資者佔 13.5%。同樣地,接受訪問的六位教師,均來自不同學校,教學年資在五年以上,對教學工作有相當的認知,因此對本研究獲得深入而準確的資料大有幫助。本研究引述各受訪者的意見時,將以 T1、T2、T3、T4、T5、T6 為六名受訪者的代號。

研究發現全港性系統評估對教師的影響是好壞參半,教師在課程設計,教學,評估方面都會產生正面和負面的倒流效應。表一是將研究結果簡列如下:

表一：TSA 對教師在課程、教學和評估設計的影響

對教師的影響	正面的倒流效應	負面的倒流效應
課程設計	課程規劃規定加入 TSA 的內容，全面涵蓋聽、説、讀、寫四大範疇的能力訓練。 TSA 報告中的數據能有效幫助設計課程。	重視語文能力的訓練，較忽視其他範疇的學習，例如品德情意的培養。
教學	參考 TSA 內容設計練習，能幫助學生應試。 教與評互相結合，平日教學活動加入 TSA 所考的內容。 特別輔導成績較遜的學生。	指定補課，用了很多時間操練學生做 TSA 的試題，頻密的操練令學生生厭。 TSA 阻礙教師發揮教學的空間。
評估	考試試卷形式和內容與 TSA 相似，因此學生考試成績是有進步的。	試題目變化不大，致使學生習慣了僵化的試題，評估方式死板。

一、課程設計的正面和負面倒流效應

　　研究發現絕大部分教師（82.4%）的學校十分重視 TSA，超過七成（74.3%）的教師認同課程會加入 TSA 的內容，包括《基本能力指標》（64.8%）、《全港性系統評估學校報告》（60.2%）和 TSA 相關的考卷（54.9%）。由此可見，很多教師在課程設計上是有關注 TSA 所考的內容，有三分之一（兩位）受訪教師指出 TSA 卻能產生正面的倒流效應，其中一位說：

　　　　雖然我（教師）在小三和小六的課程規劃中有參考《小學中國語文科課程指引》，但我會特別將 TSA 相關的考卷的內容加入，希望學生在課程中熟習應考的內容。我會將聽、説、讀、寫四大範疇重點加入課程，以往課程不大重視的口語和聽力訓練。但現在因要幫助學生考 TSA，我們（老師）也會對於學生的口語能力做加強，盡量兼顧學生在四大範疇（聽、説、讀、寫）的語文發展。（T5）

以上所言均為正面的倒流效應，這與 Stecher 等人（2004）所得的研究成果相似，亦即考試內容範疇決定了教師的課程設計，正如華盛頓州的學習測試注重寫作，課程設計也重視加強學生的寫作訓練。TSA 中文科所考的內容涵蓋了學生聽、說、讀、寫的能力，這比以往中文科的測考只重視讀、寫能力的評估更為全面。

此外，有超過三成多教師（36.5%）認為，TSA 報告中的數據能有效地幫助設計課程，有受訪教師表示：

> 從 TSA 報告中的數據，能更清楚知道學生在哪方面的能力較弱、哪方面的能力較強，那麼我可在課程中的規劃中有效地「聚焦」，加強學生要改善的地方。（T2）

所謂「聚焦」，是指從 TSA 的報告中，教師更清楚學生未能達到哪一個學習目標，以便在課程規劃時，能在課程設計上多花心思，幫助改善學生不之處。這都是正面的倒流效應，但卻是其他文獻較少提及的。

但研究又指出有五成受訪教師指出在課程設計上出現負面的倒流效應，其中一位表示：

> 課程中的規劃中，會較側重聽、說、讀、寫的訓練，但 TSA 並沒有考核學生的品德情意教學，所以教師在課程設計，不甚強調品德情意目標。（T4）

香港中國語文科課程目標是「情」「理」兼備的（廖佩莉 2010）。所謂「情」的目標是指培養學生的情意態度，學習興趣和習慣；「理」的目標是指培養學生的語文能力，對學生的語文能力有基本要求。根據香港課程發展議（2004，頁 12）明確指出，「中國語文的學習，應以讀寫聽說為主導，帶動其他學習範疇」[3]。但是，受訪教師則表示，TSA 強調了語文能力，亦即聽、說、讀、寫的能力訓練，卻忽略了品德情意的培養，這是在課程設計上出現的負面的倒流效應。

3　　其他學習範疇是指文學、中華文化、品德情意、思維和語文自學等。

二、教師受倒流效應影響教學

研究發現，教師教學也受到正面和負的倒流效應影響。就正面的倒流效應而言，有超過七成教師 (71.6%) 設計平日練習會參考以往 TSA 的試題，而近七成教師 (68.6%) 會參考坊間 TSA 的練習。這種做法，可幫助學生應付考試，其中一位受訪教師指出：

> 設計語文練習時，我會參考以往 TSA 的試題和參考坊間 TSA 的練習，並作適當的修訂，使他們（學生）能熟習 TSA 所考的內容和形式，當他們（學生）熟習了，自然會在 TSA 取得佳績。(T1)

另外，有超過七成教師 (73%) 認為在平日教學活動加入 TSA 所考的內容，讓教學與評估能互相結合，誠如其中有一位教師所說：

> 我會在平日的課堂要求學生做 TSA 練習，也會安排學生作小組討論。由於中文科 TSA 有分組說話的評估，因此我會加強訓練他們的口語表達能力，同時觀察學生的討論以評估他們的表現。(T2)

這位教師能將 TSA 所考的內容融入平日的教學中，在課堂活動中評估學生所學，這正是現今教改中提倡的「促進學習的評估」的概念。早在 2000 年香港課程發展議會發表的《學會學習—課程發展路向》文獻中有提倡評估是學習 / 教學的整個過程中，不可分割的一部分，而不是在結束教學時另外進行的工作。研究發現有教師從日常課堂活動中觀察和評估學生所學，分析學生的表現，從而促進學習，很多教師能運用 TSA 說話評估內容，進行分組活動，盡顯能做到「寓活動於評估中」。

再者，雖然只有少數教師 (24.3%) 認同他們會特別輔導成績較遜的學生應付 TSA，這都是正面的倒流效應。有教師解釋：

> 我會用小息或午膳時間和他們補課，例如他們寫作的問題，我會設計額外工作紙給他們，希望他們在 TSA 有好的表現。(T5)

就負面的倒流效應而言，由於很多教師（77%）認為 TSA 的試題是要反覆演練的，所以大多數教師（87.8%）會指定學生購買坊間 TSA 補充練習，更有超過六成教師（66.2%）會為學生安排補課和進行 TSA 預試（54.1%）。因此，有接近六成的教師（59.5%）認為，TSA 阻礙他們教學發揮的空間。其中有一位受訪者解釋：

> 我花了很多時間幫助學生做補充練習，又要和他們對答案，這些操練式的練習是不能發揮我的教學技巧。我常被 TSA 要考的內容牽着鼻子走，因而會影響教學……我不能享受教學的樂趣。（T3）

由此可見，教師為了幫助學生應試，因此教學內容大多以 TSA 為主，頻密的操練反而令課堂變得刻板和沉悶，甚至是限縮教師的教學空間。

三、評估與正負面倒流效應

研究發現教師評估學生的試題也受到正面和負的倒流效應影響。表二顯示教師設計試題的參考資料，雖然有超過六成教師會參考自行設計的練習（66.3%）和教科書的練習（63.6%），但值得注意是，有超過七成教師會參考以往 TSA 的試題（78.4%）和坊間 TSA 的練習（70.2%），可見很多教師設計試題的參考資料大多是以後者為主。

表二：教師設計試題的參考資料

項目	回應人數（所佔百分比）				平均值 (S.D.)
	1	2	3	4	
自行設計練習	3 (4.1%)	21 (28.4%)	40 (54.1%)	9 (12.2%)	2.75 (0.2)
教科書內的練習	4 (5.4%)	21 (28.4%)	40 (54.1%)	7 (9.5%)	2.69 (0.72)

項目	回應人數（所佔百分比）				平均值（S. D.）
	1	2	3	4	
以往 TSA 的試題	3 (4.1%)	11 (14.9%)	31 (41.9%)	27 (36.5%)	3.14 (0.2)
坊間 TSA 的練習	4 (5.4%)	18 (24.3%)	34 (45.9%)	18 (24.3%)	2.89 (0.3)

（4 表示最重要，1 表示最不重要）

　　多數教師（73%）認為他們在擬訂校內中文科的考試試卷會參考 TSA 的形式，而有 63.5% 教師認為考試試卷內容與 TSA 相似，可見 TSA 的試題對教師擬訂學生的校內評估是有影響的。某些教師（54.1%）認為這種做法會產生正面的倒流效應，其中一位教師解釋及舉例如下：

　　　他們（學生）熟悉 TSA 試卷的內容和形式，自然會取得好的成績。事實上他們是有進步的，例如，TSA 閱讀範疇的試卷常考核出現高層次的提問，最初他們（學生）不善於回答這種題型，後來因經常練習，目前學生對於這類的問題都能掌握得很好。以前（未有 TSA 試前）學生是不願意回答開放式問題，但現在他們對這類題目卻能應付裕如。(T2)

　　這位教師指出，出現的正面的倒流效應是學生熟悉 TSA 試卷的內容和形式，因此能在 TSA 取得佳績。其中最明顯進步的在閱讀試卷中對於高層次開放式的問題的回答，這類問題能幫助培養學生的思維能力。

　　但是，所出現負面的倒流效應在於，研究發現有超過六成教師（64.9%）用了很多時間操練學生做 TSA 試題，這些頻密的操練令學生生厭，因此絕大部分教師（93.2%）不認同 TSA 能鼓勵學生學習。有教師舉例說明如下：

　　　TSA 每年的中文科寫作試卷也會考核學生應用文的寫作，由於歷年都離不開考學生應用文，尤其是寫邀請信，因此教師

忙於操練這課題，要求他們（學生）死記硬背應用文格式，務求要他們（學生）不要被扣分。(T6)

若 TSA 題目是千篇一律，學生操練相關練習，反而令他們死記硬背，他們對學習失去興趣，更未能激勵學生學習的動機呢！

四、對教師個人產生負面的倒流效應

（一）令教師產生頗大壓力

研究結果顯示，超過八成受訪教師（82.4%）自己任職的學校十分重視 TSA；同樣地，超過八成教師（82.4%）認為「TSA 帶給我壓力」，只有不足兩成的教師（17.6%）不太覺得因此而受壓。由此可見，TSA 帶給語文教師的壓力是明顯的。TSA 帶來壓力的原因大致可分為以下兩方面：

第一是工作量增加。該次研究結果顯示，超過六成（66.2%）受訪教師為了協助學生應付 TSA 而指定學生補課，超過五成的教師（54.1%）會安排學生進行 TSA 預試。就此兩點，足以使教師的工作量有所增加。這對平日就感覺到工作量不勝負荷的語文教師來說，無疑是雪上加霜。有兩位受訪教師便道出相關窘境：

學校會花很多人力、物力操練學生，例如補課，我們（教師）沒有向當局表達不滿，因為知道一定要做，但隨之增加的工作已經對教師形成一定程度的壓力。(T3)

我當然不是很贊同學校着重學生的操練，我除了要獲時間批改練習，補課更會增加工作時數，。(T4)

受訪教師指出，TSA 導致工作量增加，當然壓力也會隨之增加。

第二是存在不少擔憂。表三顯示接近七成（68.9%）受訪教師擔憂教育局會把 TSA 成績暗中作其他用途，差不多六成（59.5%）的教師擔憂自己學校的學生低於全港水平，超過五成（54.1%）的教師認為接近

TSA 的日子會讓心情緊張，超過五成 (54.1%) 的教師擔憂今年的成績不如上一年，略多於五成 (51.3%) 的教師擔憂學生表現不佳會影響校長對自己的評價，五成 (50.0%) 的教師擔憂中文科成績低於英文和數學科。

表三：教師的擔憂

擔憂的情況	認同 人數（百分比）	不認同 人數（百分比）
接近 TSA 的日子我的心情會很緊張	40 (54.1%)	34 (45.9%)
我擔憂教育局會把 TSA 成績暗中作其他用途	51 (68.9%)	23 (31.1%)
我擔憂今年的成績不如上一年	40 (54.1%)	34 (45.9%)
我擔憂中文科成績低於英文和數學科	37 (50.0%)	37 (50.0%)
我擔心我校學生的表現低於全港水平	44 (59.5%)	30 (40.5%)
我擔憂學生表現不佳會影響校長對我的評價	38 (51.3%)	36 (48.6%)

凡此種種，在 TSA 大前提下，教師心理上對 TSA 存在着不少擔憂與疑惑。這與很多研究（例如：Cheng，1998；Cheng &Curtis，2004；Watanabe，2000）的發現相似的；換言之，很多教師對 TSA 考試抱有負面情緒。

其中，接近七成的教師 (68.8%) 擔憂教育局會把 TSA 成績暗中作其他用途（見表三），有受訪教師解釋：

> 我校收生不足，TSA 的成績恐怕會成為學校的增值指標，若學生成績差，學校因而會受到的「殺校」[4] 的威脅。(T6)

雖然香港教統局 (2006) 強調 TSA 資料和數據不可用於學校之間的比較，僅足讓學校藉此了解校內學生的表現而已，但由於近年學校受到「殺校」的威脅，因此教師有此憂慮實屬正常。常言道：「心態決定狀態，憂慮影響表現」。研究發現，有一半以上教師（見表三）對 TSA 出現這種「緊張」的反應，顯然就是壓力的來源之一。

4　「殺校」是指香港的學校因收生不足而被教育局要求停辦。

(二) 衍生出一些對 TSA 負面的觀感

本研究發現了幾項其他值得特別關注的數據，包括不足一成 (6.8%) 的受訪教師認為「TSA 能鼓勵學生學習」，只有一成多一些 (14.9%) 受訪教師覺得「TSA 幫助教育部門瞭解個別學校的情況，支援有需要的學校」，只有接近三成 (29.7%) 認為「TSA 能幫助我提升教學素質」，也只有三成 (31.1%) 的教師「我贊成在小學推行 TSA」。從以上數據可見，受訪教師對 TSA 不存好感，有教師表示：

> 我以為 TSA 新不如舊，TSA 對教師來說，所受壓力比學能測驗更大。TSA 未能紓解學生壓力之餘，反令小三生多承受多一次考試壓力，淪為考試的機器及成績的奴隸，不僅減低了學生的學習意欲，更徒然增添教育同仁的工作壓力，我擔心 TSA 成績不好會影響校譽，甚至是校長對我的看法。(T4)

由此可見，教師對 TSA 的看法是較負面的。

伍、總結及建議

本研究發現，TSA 對小學中文科教師在課程設計、教學和評估方面產生了正面和負面的倒流效應。在課程設計方面，教師注重 TSA 的考試內容，課程能涵蓋聽、説、讀、寫的語文能力訓練，但卻忽視他們的品德情意教育。就教學方面而言，教師確能參考 TSA 內容來設計練習，並於平日教學活動加入 TSA 所考的內容，幫助學生應試，但因為太過密集地對學生進行操練，反而阻礙他們發揮教學的空間。就評估方面來說，教師會設計與 TSA 考試相近的校內中文考試卷，雖然能帶動學生考試成績的成長，但由於試題目變化不大，導致學生習慣了這些僵化的試題，而影響他們學習做樂趣。

至於 TSA 對教師個人的影響是較為負面做，例如：他們感到憂慮和受到不少壓力。儘管如此，但它所產生的正面倒流效應不容忽視。那麼，究竟要如何強化 TSA 帶來正面的倒流效應，並淡化它帶來的負面

的影響呢？以下是一些建議。

一、強化正面的倒流效應，淡化負面的影響

（一）思考「質」「量」並重的試題，避免測驗內容和形式的僵化

　　常有研究指出測試的形式和內容直接影響教師對課程的規劃、教學和校內評估設計的倒流效應（Wall，1997；Wall & Alderson，1992），也有很多時研究提出測考帶來負面的影響。本研究發現，TSA 不但產生了負面的倒流效應，而且還產生了正面的倒流效應，無可否認地，在現今的教育制度下，適當的測考是不能完全避免的，因此強化測考的正面倒流效應和淡化它帶來負面的影響是必要的。

　　若要強化正面的倒流效應，TSA 的試卷必須「質」、「量」並重。所謂「質」，是指試題的內容具質素的，例如：本研究有教師表示，TSA 閱讀範疇的試卷常考核學生回答高層次的問題，而高層次的問題能提升學生的思維能力，因此這類具質素的試題是應保留的。所謂「量」，是指試題的形式要多樣化。研究發現 TSA 題目形式是千篇一律的，於是教師便會為學生操練相關練習，例如：有教師就批評 TSA 寫作題目時常會請學生撰寫一篇邀請函，因此教師便會經常操練學生撰寫此類的文章體裁。但應用文的種類有很多，因此 TSA 可以選擇其他文體進行測驗，如此一來，教師所教的內容也不會有所偏重。

　　此外，TSA 重視語文能力的訓練，反而忽視其他範疇的學習（如品德情意）。那麼要如何改善這現象呢？香港小學中國語文課程改革目標是強調情理兼備，亦即教師可在 TSA 聽、說、讀、寫的評估範疇內，多加入的品德情意的內容。目前的閱讀測驗較偏重記敘文和說明文，內容較少提及有關文化和品德情意的文章，那麼教師在課程設計，教學和評估的選材上，也會兼顧品德情意的內容。

　　由於受到倒流效應現象的影響，「質」、「量」並重的 TSA 試題將有助推動教師對課程改革。

（二）TSA 與促進學習的評估

本研究發現，有教師表示會將 TSA 所考的內容融入平日的教學中，例如：增加在 TSA 中會進行的口測驗相關練習（如小組交談／討論），教師從中觀察和評估學生所學，這是值得稱讚的。但教師若要進一步運用 TSA 達至「促進學習的評估」的理念，教學與評估必須互相結合。教師首先要改變操練學生的方法，亦即可在日常的課堂上設計與 TSA 所考內容相關的多元化活動，從中觀察學生的表現，幫助他們愉快學習。其次，教師要多蹤 TSA 的報告。雖然研究發現只有三成多教師（36.5%）認為 TSA 報告中的數據能有效地幫助設計課程，但無可否認地，此一數據能幫助教師更清楚認識學生在中文科學習上的不足。這對教師在課程規劃和教學設計是有幫助的，特別是能用來辨認需要加強輔導的學生。

二、減輕教師壓力

（一）教育局須澄清 TSA 的功用，提供支援

研究發現，受訪教師的壓力來源主要是教師有很多憂慮。不難理解，很多教師擔心教育局會用 TSA 的報告會來「殺校」，學生在 TSA 表現不理想也可能會影響校長對他們的觀感。雖然香港教統局（2006）的文件中已強調資料和數據不可用於學校與學校之間的比較，這些資料具參考價值，目的是用來提升教學素質的，但是，教師仍有很多擔憂，教育局有必要公開澄清 TSA 的功用，讓校長和教師明白 TSA 的原意，避免他們承受不必要的壓力。

其次，香港教統局（2000，2004）明確指出 TSA 讓政府為有需要的學校提供支援及檢核教育政策執行的成效，可是，本研究發現只有一成多（14.9%）的受訪教師認同 TSA 對此目的所達成的效果。由此可見，香港教育局對學校提供的支援是不足夠的。若政府對學校能提供足夠的支援，教師的壓力也可減少。

（二）教育及考評當局須更進一步徵詢教師意見

TSA 自 2006 年實施以來，迄今已有六年多了，但為甚麼教師仍然對它有那麼多的負面印象呢？這隱隱説明，香港教育及考評當局當年在推出此項新政策時，未有廣泛及深入徵詢第一線教師的意見，以致部分理念、運作及安排讓第一線教師面臨執行上的困難，結果 TSA 不單為語文教師帶來困擾與壓力，也因為學校和教師未能充分解讀與配合，而致成效未達到當初設定的水平。任何教育改革若沒有廣大教師的支持和認同，所獲得的成果都只能事倍功半。因此，香港教育及考評當局在日後進一步優化及改進 TSA 的議題上，不妨更廣泛地徵詢教師的意見，集思廣益。

實際上，本研究有其局限性，雖然用了定量研究和定性研究兩種方法，但卻未實地做詳細的課堂分析，探討倒流效應如何影響教與學。同時本研究是從中文科教師的角度論析 TSA 產生的倒流效應，忽略了從學生的觀點探索 TSA 對他們學習的影響，因此，未來的研究可從這兩方面作深入探討。

參考文獻

香港教統局 (2000)。香港教育制度改革建議。香港：香港印務署。

香港教統局 (2004)。教育改革進展性報告 (三)。香港：香港印務署。

香港教統局 (2006)。教育改革進展性報告 (四)。香港：香港印務署。

香港考試及評核局 (2005)。全港性系統評估第一至第三學習階段中國語文、英國語文科、數學科學生基本能力報告。香港：香港印務署。

香港考試及評核局 (2006)。全港性系統評估第一至第三學習階段中國語文、英國語文科、數學科學生基本能力報告摘要。香港：香港印務署。

課程發展議會 (2004)。中國語文課程指引 (小一至小六)。香港：香港政府。

廖佩莉 (2009)。析論香港小學中國語文科教師為學生準備「全港性系統評估」(TSA) 的策略，教育研究與發展期刊，5(4)，109-128。

廖佩莉（2010）。語文評估的趨向：情理兼備的中國語文科學習檔。唐秀玲、王良和、張壽洪、司徒秀薇、鄺銳強、謝家浩（編）優化語文學習的評估，多角度思考。香港：香港教育學院中文學系，頁 199-214。

Aderson, J. C. & Hamp-Lyons, L. (1996) . TOEFL Preparation Courses: A Study of Washback. *Language Testing,* 13 (3.,280-297.

Alderson, J. C., & Wall, D. (1993) . Does Washback Exist? *Applied Linguistics,* 14 (2), 115-129.

Andrews, S., Fullilove, J., & Wong, Y. (2002) . Targeting Washback-a Case-Study. *System,* 30 (2), 207-223.

Bailey, K. M. (1996) . Working for Washback: A Review of the Washback Concept in Language Testing. *Language Testing,13* (3.,257-279.

Chen, L. M. (2002) . *Washback of a Public Examination on English Teaching.* Retrieved from http://www.eric.ed.gov/ERICWebPorta/search/SimpleSearch. jsp?newSearch=true&eric_oftField-&searchttype=adv:

Cheng, L. (1997) . The Washback Effect of Public Examination Change on Classroom Teaching. Unpublished PhD thesis, The University of Hong Kong, Hong Kong

Cheng, L. (1998) . Impact of a public English Examination Change on Students'Perceptions and Attitudes toward Their English learning. *Studies in Educational Evaluation,* 24 (3.,279-301.

Cheng, L. (1999) . Changing assessment: washback on teacher perceptions and actions. Teaching and Teacher Education,15,257-271.

Cheng, L., & Curtis, A. (2004) . Washback or Backwash: A Review of the Impact of Testing on Teaching and learning. In L. Cheng, Y. Watanabe& A. Curtis (Eds.) *Washback in Language Testing: Research Contexts and Methods* (pp.3-17) . Mahwah, New Jersey: Lawrence Erlbaum Associates, Inc.

Cheng, L. & Falvey, P. (2000) . What works? The washback effect of a new public examination on teachers'perspectives and behaviours in classroom teaching, *Curriculum Forum,* 9 (2.,1-33.

Johnstone, P., Guice, S., Baker, K., Malone, J., & Michelson, N. (1995) . Assessment of Teaching and learning in Literature-Based Classrooms. *Teaching and Teacher Education,11,* 359-371.

Lam, H. P. (1994) methodology Washback - an Insider's View. In D. Nunan, R. Berry & V. berry (Eds.., *Bringing About Change in Language Education: Proceedings of the International Language in Education Conference1994* (pp.83-102) . Hong Kong: University of Hong Kong.

Morris, P. (1990) . *Curriculum in Hong Kong.* Hong Kong: Faculty of Education, The University of Hong Kong.

Morrow, K. (1986) . The evaluation of tests of communicative performance. In M. Portal (Ed.., Innovations in language testing (pp.1-13) . NFER/Nelson.

Munoz, A. P. & Alvarez, M. E. (2010) . Washback of an oral assessment system in the EFL classroom. *Language Testing,* 27 (1.,33-49.

Qi, L. (2004) . *The Intended Washback Effect of national Matriculation English Test in China: Intentions and Reality.* Beijing: Foreign Language Teaching and Research Press.

Shohamy, E., Donitsa-Schmidt, S., &Ferman, I. (1996) . Test Impact Revisted: Washback Effect over Time. *Language Testing,* 13 (3.,298-317.

Stecher, B., Chun, T., & Barron, S. (2004) . The Effects of Assessment-Driven Reform on the Teaching of Writing in Washington State. In L. Cheng, Y. Watanabe& A. Curtis (Eds.) Washback in *Language Testing: Research Contexts and Methods* (pp.53-72) . Mahwah, New Jersey: Lawrence Erlbaum Associates, Inc.

Spratt, M. (2005) . Washback and the classroom; the implications for teaching and learning of studies of washback from exams, *Language Teaching Research,9* (1.,5-29.

Tsagari, D. (2007) . *Review of Washback in Language Testing: What Has been Done ? What More Needs Doing?* Retrieved from http://webebschost. com/ehost/detail?vid= 6&hid=102&sid=62a43f7d-22d

Wall, D. (1997) 'Impact and Washback in Language Testing,'in C. Clapham&D. Corson (Eds., *Encyclopaedia of Language and Education, Vol.7. Language Testing And Assessment,* Dordrecht: Kluwer Academic.

Wall, D. & Alderson, J. C. (1992) *Examining Washback: The Sri Lankan Impact Study.* Retrieved from http://www.eric.ed.gov/ERICWebPorta/search/SimpleSearch. jsp?newSearch=true&eric_oftField-&searchttype=adv:

Watanabe, Y. (2000) . Washback Effects of the English Section of Japanese University Entrance Examination on Instruction In Pre-College Level EFL. *Language Testing Update,* 27,42-47.

Wang, Y. W. (1997) . *An investigation of Textbook Materials Designed to Prepare Students for the IELTS Test:* A Study of Washback. Unpublished M. A. dissertation, Department of Linguistics and modern English Language, Lancaster University, Lancaster, UK.

（轉載自廖佩莉（2013）：倒流效應：香港全港性系統評估（TSA）
對小學中國語文科教師的影響，《教育研究月刊》，228，86-102。）

透過同儕互評活化中文科寫作課：香港的經驗

壹、前言

一向以來，在寫作課內，學生是根據教師擬訂的題目來作文，然後教師依據評分標準來評分。教師是評估學生表現的主導者。學生的寫作得到教師的打分和評語。學生沒有機會參與評估的工作，在整個寫作評估過程中學生是沉默，孤獨和被動的。近年教育改革提倡的「促進學習的評估」帶來了新的改變—由過往注重評估學生的學習表現轉變為強調評估是為促進學生學習，活化了評量的觀念。這與過往學校、教師和家長認為評估是以教師為主導來評定學生的能力有所分別。

「促進學習的評估」強調「評估能幫助學生學習和提高他們的學習效能」。同儕互評是學生參與評估的活動，是「促進學習的評估」其中的一項重要方法（Lauf & Dole，2010）。但可惜的是，最近的研究發現雖然香港大部分教師(76%)認同在中文寫作課內讓學生同儕互評是重要的，但是在實際教學上，只有三成多教師(31.5%)認同他們知道怎樣設計學生的互評活動，由此可見雖然很多教師認同學生互評的目的和重要性，但是他們對學生同儕互評的落實和成效也有所保留（廖佩莉，2012）。

本文就以中文寫作課為例，探討香港教師在兩所小學為學生設計同儕互評活動，希望藉此經驗，教師在應用方面，得到一些啟示，從而活化學生學習，改善他們的寫作能力。

貳、文獻回顧

一、同儕互評的意義

　　Topping（1998）認為同儕互評是個體對相似地位的同儕，進行學習成品及結果的評價。Falchikov（1998）簡單地指出同儕互評活動是學生評價同儕表現的一種活動。同儕互評好像是一種評估工具而已（Van den Berg 等人，2006），其實它不只是一種評估工具，它是一種有效的學習活動。Bryant & Carless（2012）提出同儕必須懂得運用準則來評定同儕的表現，並在評估過程中給予意見和 / 或等第。在評估的過程中，能給予學生學習和反思的機會。

　　Brown 等人（1998，頁 111）認為有效的同儕互評活動應包括：

（1）明確指導學生如何實踐同儕互評活動；

（2）給予學生有機會明白評估準則，並對評估準則能提出疑問；

（3）有機會給予學生實踐如何應用評估準則；

（4）用具體的例証（學生寫作樣本示例），加強學生認識如何評估同儕的能力；

（5）顯示評估目標；

（6）有規劃地進行評估，能令所有學生公平地進行評估。

　　Holec（1981）和 Falchikov（1998）認為要成功實行同儕互評活動，教師的準備工作是非常重要的。Lauf & Dole（2010）認為同儕互評活動要顧及批評同儕的表現是否具質素。如果教師只是要學生認識評估準則，這不能幫助他們做互評，教師必須提供學生樣本的示例，讓學生進行試改，令他們明白怎樣運用準則來評估，才能提升互評的質素。因此教師「給予學生有機會明白評估準則」和「出示具體的例子」（學生樣本）是不容忽視的步驟，也是活化同儕互評活動重要元素。

二、對同儕互評活動的看法

很多研究（例如 Falchikov，1998；Boud，1988）都是從教師角度討論同儕互評活動對學生學習是有幫助的。Vickeman（2009）認同學生同儕互評活動是一種正面的學習經驗，學生能從互評中學習。同儕互評活動有利學生的技能發展，例如人際關係技能、組織能力和聆聽能力。他又指出學生同儕互評活動能鼓勵學生參與，引起學習的動機（Falchikov，1998），發展他們評批能力，與他人合作的能力和增加他們的自信心（Falchikov，1991）。

從學生的角度而言，Deakin-Crick 等人（2005）指出學生與同儕討論時比與教師討論時會覺得較舒服，因此在同儕互評活動中，他們願意與同儕分享意見，提出問題，甚至互相爭辯。學生很認同同儕互評活動是有效的，能加強他們的學習（Pond & ul-Haq，1998）。Fredricks 等人（2004）的研究指學生自稱很享受這種學習模式。

教師和學生在同儕互評活動中也遇上不少困難，有學者（Habeshaw 等人，1993）質疑學生同儕互評的評分信度，有學生會對互評活動產生抗拒。學生的評分是主觀的（Neukom，2000），尤其是那些開放式問題是沒有特定的答案。在同儕互評活動中，必定有些學生是不習慣這種學習模式和不喜歡被同儕評估（Falchikov，1998）。Brown & Dove（1991）批評教師對學生同儕互評活動的要求實在太高。他們更指出這活動是浪費時間，制訂評估準則並不容易。

要解決上述的困難，Topping（2009）認為須假以時日指導學生一些有效的評估方法，那麼互評的信效度與教師的評分分別不大。Van Zundert 等人（2010）指出要提升互評的素質，必先加強教師的培訓和學生的互評經驗。

三、中文科的同儕互評活動

有很多論文談論中文科的寫作課內學生進行同儕互評的活動。就學生的學習能力而言，張麗華（2008）認為用同儕相互批改作文，效果比

單純地由教師批改要好得多，互評可以讓學生相互學習，取長補短（董衞娜，2011）。若寫作課加入互評後的同儕討論，更能提升小六學生寫作説明文的能力（王瑀，2004）。學生得到同儕的意見，他們更有信心修改自己的寫作，他們真正成為作文的主人。作文互評活動能幫助學生自主學習（彭莉芳，2011），實現學生的自主發展（段志群，2008；王潤香，2011）。

就學生的學習態度而言，同儕互評能提高學生對寫作的積極性（段志群，2008；閔愛梅，2008；周玉紅，2008）和興趣（歐陽書琴，2011），讓學生在互評中變得主動起來（馬緒紅，2011）。上述提及的，大都是從理論層面分析中文科在寫作課進行學生同儕互評的優點，但卻缺乏相關研究的支持。

四、近期的研究

很多中外研究（Brew, et al.,2009; Li, et. al. ，2010, 陳映云和嚴彩君，2010；樓荷英，2005）都是在大學或專科學院進行同儕互評活動，成效是不錯的，但這些研究對象是青少年或成年人，他們的反思和批判能力較高，有能力給予同儕回饋和意見，顯示同儕互評活動能幫助學習，但是有關探討在香港中小學進行同儕互評活動的研究則並不多。其中的原因可能是香港教師認為學生同儕互評活動源於西方教育理念的改革並不大適合中國人的社會（Carless ，2005）。

雖然如此，但是有關香港近年在中，英文科學生同儕互評活動的研究結果都是較正面的。Bryant & Carless（2010）用了兩年時間進行個案研究，探討香港在小學高年級英文科實行同儕互評的情況，他們發現教師和學生對同儕互評活動的看法很相似，同儕互評活動能輕鬆地幫助學生應付總結性評估的考試。Mok（2011）用個案研究方法，探討初中學生在英文科實行同儕互評活動的看法，研究發現學生認為活動能幫助他們的思維發展，但是教師須對學生提供足夠的心理準備，才能有效地實行同儕互評活動。至於中文科相關的實證研究，則較少見諸文獻。

廖佩莉（2012）的研究是探討小學中文科教師對學生同儕互評目的的認識。研究發現教師面對不少困難，例如他們未能充分掌握設計學生互評的量表的技巧，對學生互評活動後的跟進工作有所不足。研究更指出只有三成多教師（31.5%）認同他們知道怎樣設計學生的互評活動。有鑑於此，研究員針對上述的困難，與兩所學校的中文科教師一起設計和試行學生的互評活動。

參、研究的背景和目的

一、背景

現時香港中文寫作課，很重視學生寫作前的準備工作，即是教師指導學生如何「計劃」一篇作文，但卻忽略如何幫助學生「回顧」自己作品。西方學者認為寫作大致分為「計劃」、「轉譯」和「回顧」三個主要過程。「計劃」是指「內容構思」和「文章佈局」；「轉譯」是指正式下筆，將泉湧而出的文思轉換成白紙黑字；「回顧」是「檢查」寫出的內容是否符合原先的目標，並「修改」不足的地方。

教師注重指導學生如何「計劃」寫作，他們通常和學生分析如何審題，討論寫作大綱，有時要求學生在寫作前搜集相關作文題目的資料和安排分組活動，幫助他們取得靈感，為學生好好準備作文。學生然後進行「轉譯」的工作，完成寫作後，便呈交作文給教師評改。教師通常鼓勵學生在呈交作文之前自行「回顧」所寫的文章，但卻較少教師指導他們怎樣「回顧」，修訂作品。

其實「回顧」在整個寫作過程中扮演着極為重要的角色。如果學生完成作文後，能給同儕閱讀，讓同儕作出評價和給予建議，學生得到同儕的意見，然後「回顧」自己所寫的文章並作修改，相信能幫助他們優化作文，提升寫作能力。這是活化作文的一個重要的方向。

但很可惜研究員根據多年任教香港在職教師培訓課程各類中文寫作教學課題的經驗，真切感受到教師較忽略給予學生「回顧」自己和同

儕的作品的機會。本研究是針對這方面教學的缺失，提出學生同儕互評活動的理念，並將理念活化並應用在小學的中文科寫作課堂。

二、研究目的與問題

研究員和兩位小學教師，分別為兩所小學六年級學生設計中文科寫作的同儕互評活動。研究目的是探討教師在兩所小學為學生設計和活化同儕互評活動的經驗，教師和學生對這次試行的意見。研究問題包括：

（1）學生在這此次行，寫作成績有沒有進步？

（2）教師對這次試行有什麼意見？

（3）學生對這次試行有什麼意見？

本研究具實踐意義，是從教師和學生的角度探討他們對學生同儕互評活動試行的想法，使一個沿用已久傳統寫作評估方式（教師評改學生的作文），學生沒有機會參與評估的過程，注入新的元素，拓展新的局面，從而提升語文的學習的水平。教師可以參考本研究的成果，了解學生同儕互評活動的成效，學生的意見，希望藉此能提升互評活動的質素。

肆、研究方法

研究員和兩位教師討論如何在中文寫作課設計同儕互評活動。兩位教師來自兩所不同的小學，在試行期間研究員向試行學校收取數據，方法有二：一是採用定向（質性）研究調查方法（Qualitative Approach），邀請兩位試行的教師（下文以 T1 和 T2 為代號）作深入的訪談，目的是了解教師對這次試行的看法。同時教師需要收取學生的作文，在互評活動前，教師收取學生作文，然後給分並作記錄，學生不知道自己的分數。互評活動後，教師再作評分。

同時研究員亦會在兩所學校，分別邀請三位學生作訪問，訪問對象是由每校教師推介的三位不同學習程度的學生（分別是低、中、高程度），合共六位（下文以 S1、S2、S3、S4、S5 和 S6 為代號）。

二是採用定量（量化）研究調查方法（Quantitative Approach），教師

在學生同儕互評活動後派發問卷給學生填寫，目的是要了解他們對這次試行的意見。問卷分兩部份：甲部是十題選擇題和量表；乙部是意見欄，學生可填寫對同儕互評活動的意見。這次試行在兩所學校共派發了一百五十份問卷，收回一百四十七份，回收率達百分之九十八。

伍、學生同儕寫作互評活動的試行

一、學校試行背景

研究是在香港兩所小學的六年級進行，一所位於九龍（下稱學校甲），另一所位於新界（下稱學校乙）。學校甲學生程度較佳；學校乙學生程度只是一般，中文水平的個別差異則較大。研究在二零一三年三至五月期間在中文寫作課試行學生同儕互評活動。學校甲共有四班試行，每班約二十八至三十人，共一百一十六人；學校乙則有一班三十四名學生試行，兩校參與的學生人數共一百五十人。他們每周有七節中文課，每節四十分鐘，其中有兩節課是作文或謄文課，通常每隔一星期設有兩節作文課。

二、實施設計

學校甲的寫作課要求學生寫「一件糗事」，教師要求學生記述一件事情和說出感受。學校乙要求學生寫一篇說明文，題目是「電子遊戲是近年流行的玩意。請你寫一篇文章，說明玩電子遊戲對青少年的影響。」

本研究的設計是根據 Brown 等人（1998）提出有效的同儕互評活動的原則（見文獻回顧部分）。研究員和兩位試行教師討論後，釐訂了同儕寫作互評活動的流程可分為三個階段（見表一）。值得注意是，教師須給予學生有機會明白評估準則和出示具體的例子（學生樣本）是活化同儕互評活動不容忽視的步驟。有了明確的評估準則和示例，學生才明白如何從評估，從中學習。

表一：學生同儕寫作互評活動的階段

互評活動的階段	程序
（一）準備階段	顯示評估目標，明確指導學生如何實踐同儕互評活動
	制訂寫作評分，表格和評審準則
	評審範文示例／樣本（寫作評分樣本，讓學生試改，給予學生實踐如何應用評估準則）
（二）實行階段	閱讀同儕的作文
	學生填寫互評估表及講評
	學生根據同儕意見，重新修訂作文
（三）跟進階段	教師評改
	教師總結學生的表現，尤其是學生在互評活動中的表現

（一）準備階段：

　　教師必須向學生解釋互評活動的目的，是希望加強他們修改文章的動力，並能提供他們更多合作機會，學生根據同儕的意見，修訂文章，提升他們的寫作能力。教師也必須指出同儕互評是不計分數，並指出是次作文，閱讀他們作文的，並不只是教師，而且還有他們的同儕，鼓勵他們要認真作文。學生為了要在同學面前保住面子，便不敢隨意抄襲和敷衍了（鼓莉芳，2011）。接着教師還要向學生解釋互評活動的流程和他們擔當的角色。

　　在進行同儕互評活動前，學生必先掌握評審準則。例如學校甲的評審項目（見附件）主要分為內容、結構、文句、用字、標點符號五大項目。教師首先和學生討論和解釋評審準則，同時教師要出示範文例子，讓學生試改，目的是讓學生從示例中明白如何評改作文。

（二）實行階段：

　　學生完成作文後，便進行二人一組的同儕互評，他們會根據評審準則，填寫評分表格。除了評分表格的書面評語外，教師還要求學生對同儕作口頭評語。學生根據同儕意見，重新修訂自己的文章。

（三）跟進的階段：

教師根據學生修訂的作文來評分，派發批改了的作文，然後總結學生的作文表現和學生在同儕互評活動中的表現。

陸、結果與討論

研究發現大部分教師和學生對這次試行的反應是不錯的。現將他們的意見析論如下：

一、學生作文的成績

學生的作文成績是有進步的。學校甲的學生在互評活動前的作文平均分是 71.5，在互評活動後的作文平均分是 78，T 值是 5.91，p<0.01，在統計學上是有明顯的差別。學校乙的學生在互評活動前的作文平均分是 64，在互評活動後的作文平均分是 75，T 值是 4.99，p<0.01，顯示在統計學上是有明顯的差異，學生在互評前和互評後的作文平均得分是有明顯的進步。

學生作文的成績在哪方面有進步呢？表二詳細列明學生寫作的各項得分。

表二：兩校學生作文各項的平均得分

平均分 （所佔百分比）	內容 （30%）	結構 （20%）	文句 （30%）	標點符號 （10%）	用詞 （10%）
互評前的得分	17	18	19	7	7
互評後的得分	21	19	19	9	8

學生在內容和運用標點符號方面有進步。內容方面由 17 分提升至 21 分；標點符號的運用也不錯，由 7 分提升至 9 分。至於結構和用詞方面也略為進步（結構的得分由 18 分提升至 19 分，用詞方面得分由 7 分提升至 8 分）。以下的一個示例正好具體說明學生在互評前後的作文表現。

圖一：同儕互評活動前的作文

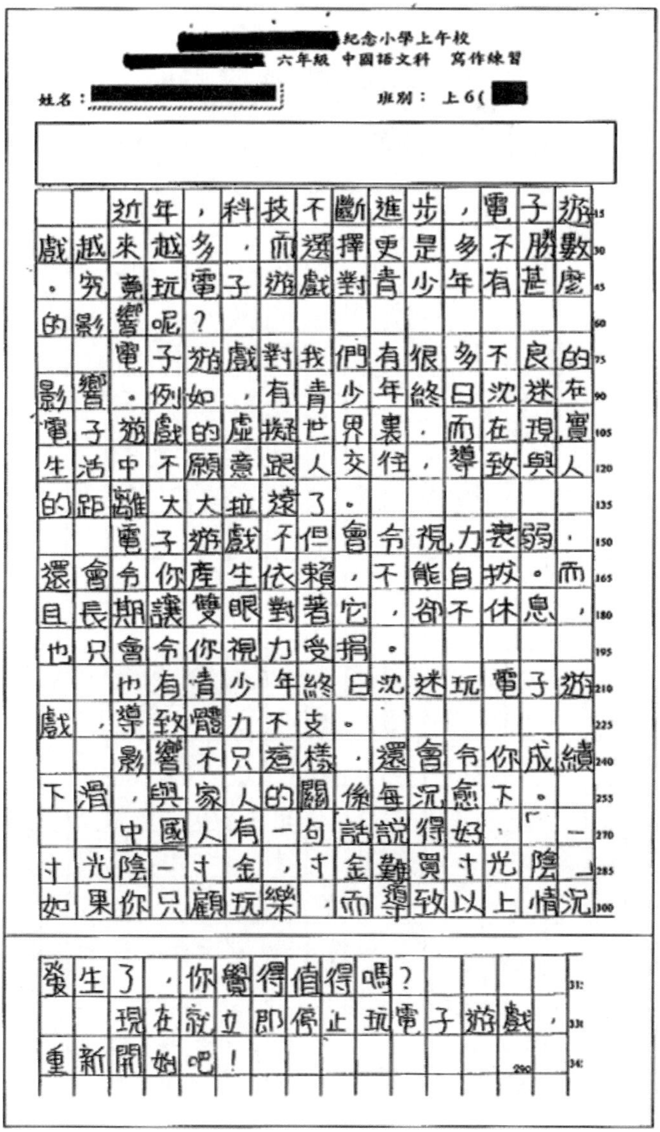

[redacted]紀念小學上午校

[redacted]六年級　中國語文科　寫作練習

姓名：[redacted]　班別：上6([redacted]

近年，科技不斷進步，電子遊戲越来越多，而選擇更是多不勝數。究竟玩電子遊戲對青少年有甚麼的影響呢？

電子遊戲對我們有很多不良的影響。例如，有青少年終日沈迷在電子遊戲的虛擬世界裏，而在現實生活中不願意跟人交往，導致與人的距離大大拉遠了。

電子遊戲不但會令視力衰弱，還會令你產生依賴，不能自拔。而且長期讓雙眼對著它，卻不休息，也只會令你視力受損。

也有青少年終日沈迷玩電子遊戲，導致體力不支。

影響不只這樣，還會令你成績下滑，與家人的關係每況愈下。

中國人有一句話說得好：「一寸光陰一寸金，寸金難買寸光陰」如果你只顧玩樂，而導致以上情況發生了，你覺得值得嗎？

現在就立即停止玩電子遊戲，重新開始吧！

圖二：同儕互評活動後修訂的作文

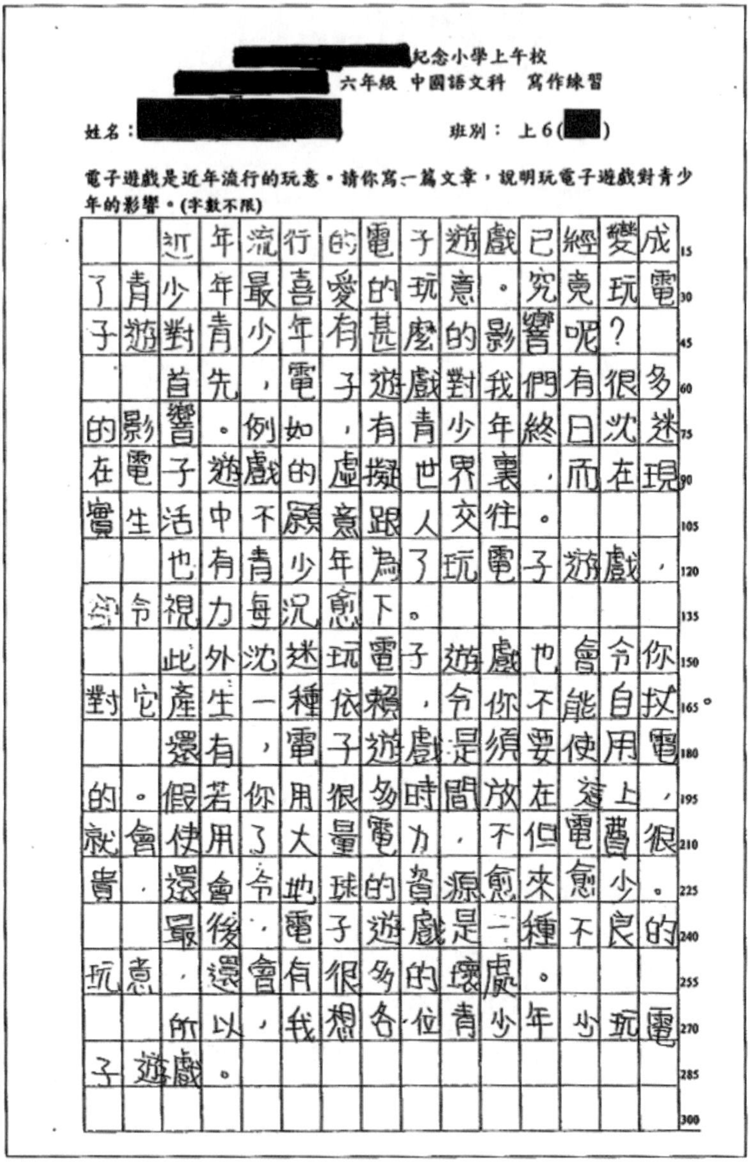

……妃念小學上午校

六年級 中國語文科 寫作練習

姓名：＿＿＿＿＿ 班別：上 6（＿＿）

電子遊戲是近年流行的玩意。請你寫一篇文章，說明玩電子遊戲對青少年的影響。(字數不限)

近年流行的電子遊戲已經變成了青少年最喜愛的玩意。究竟玩電子遊對青少年有甚麼的影響呢？

首先，電子遊戲對我們有很多的影響。例如，有青少年終日沈迷在電子遊戲的虛擬世界裏，而在現實生活中不願意跟人交往。也有青少年為了玩電子遊戲，令視力每況愈下。

此外沈迷玩電子遊戲也會令你對它產生一種依賴，令你不能自拔。

還有，電子遊戲是須要使用電的。假若你用很多時間放在這上，就會使用了大量電力，不但電費很貴，還會令地球的資源愈來愈少。

最後，電子遊戲是一種不良的玩意，還會有很多的壞處。所以，我想各位青少年少玩電子遊戲。

雖然圖一和圖二的兩篇作文還未經教師評改，仍有修改的地方，例如學生寫了錯別字，但是比較兩篇作文，這位學生在同儕互評活動後修訂的作文（見圖二）

是有所改善。同儕欣賞這位學生的作文是「字體漂亮，文句通順，準確地使用標點符號」，但希望他留意第五段（圖一）用電力對地球的影響，但並不是對青少年的影響。很明顯，經修訂的文章（圖二），學生刪去原本用電的內容，加了玩電子遊戲機對青少年的眼睛有損害的一段，內容較貼題。同儕又建議他多用反問和諺語，事實上他修訂作文後（見圖二），內容方面是較充實和具說服力的。

二、教師的意見

(一) 加強學生對作文的積極性

有受訪教師表示適宜在學生作文前，提醒他們作文後有同儕互評活動，這樣的做法，有助學生積極地作文。

> 他們（學生）知道是次作文的讀者並不只有教師，他們的文章會給同儕評鑑，他們也提起精神作文。(T2)

這正好說明彭莉芳（2011）所指學生為了在同儕面前保住尊嚴和面子，既然文章會給同儕評鑑，作文也就不敢敷衍了事。同儕互評活動能提高學生對寫作的積極性，這引證一些學者（段志群，2008；閔愛梅，2008 和周玉紅，2008）的說法。

兩位受訪教師均表明進行學生同儕互評活動準備階段是非常重要的。準備階段包括為學生制訂寫作評分標準，出示寫作評分樣本，和學生一起進行試改和討論。有了這些準備，學生能明白如何評估同儕的作文，加強他們對作文的積極性。

> 當他們（學生）清楚明白寫作評分要求，他們便會更明白一篇好文章會有什麼準則，他們會積極和努力作文。他們（學生）也很樂意評改同儕的作品，因為他們懂得如何評改，他們心理上得到支援，心理上明白如何評分。(T1)

這位教師正說出學生積極作文和評改同儕的作文的原因是教師在

準備工作上所花的心思，制訂寫作評分標準和出示寫作學生評分樣本，這有助對學生在心理上作出支援。若是學生沒有具體認識互評活動評分的準則，也沒有學生樣本示例作參考，他們又沒有機會參與討論如何評改，那麼他們在互評活動中便會糊亂評改了。

Mok（2011）的研究雖然有提及學生同儕互評中要提供足夠的心理準備給學生，但卻欠缺乏詳細解說和實證。所謂「心理準備」是指學生的心理由依靠教師評改轉變為學生可獨立評改和修訂文章。本研究的發現正好補充和証明教師能出示具體的評分準則和學生樣本，和他們一起商討如何評估，是給予學生心理上的準備和支援的重要元素。

（二）互評活動有助學生寫作

兩位受訪教師都認為互評活動能幫助學生寫作，原因有二：一是學生獲得同儕的回饋，修訂自己的作文。

> 這是因為我（教師）給予學生檢視同儕作品的機會，學生吸取同儕給予的意見，然後修訂文章，他們（學生）的作文或多或少都會有改善。（T1）

這種做法與一般傳統的做法不同：傳統做法是學生呈交作文前，根本沒有機會給學生檢視同儕文章；互評活動能是給予學生一個改進機制，學生在呈交作文前，有機會得到同儕的意見，明白如何修訂和優化自己的文章，然後才呈交給教師評分。

二是學生從教師出示的示例中與同學討論如何評改，這是學習的重要過程。以下是其中一位教師的解說：

> 學生有示例（寫作評分樣本和準則）可跟從，他們作文時，鮮有出現離題的情況，這是他們有所改善的地方。（T1）

這種「以評促學」的過程，學生明白評估準則，對自己日後的作文有一定的幫助。當他們知道離題是不獲評分，他們在寫作時便會特別注意審題。

（三）互評活動能培養學生評改文章的能力

　　兩位受訪教師都認為在進行學生同儕互評活動前制訂寫作評分標準，能令學生明白評改作文的要求。教師出示寫作評分樣本，讓學生試改，令學生有效地掌握評分準則，培養學生評改文章的能力。兩位教師都認為：

　　　　我認為給予學生評分示例是很重要的，學生可根據評分標準，讓學生試改，在試改的過程中，讓學生能具體明白要求，思考如何評定「徒弟、小師傅、師傅、大師傅」（見附件），評審時，將抽象的分數化為有趣的名目，學生評審活動變得有趣。（T1）

　　　　和學生討論示例，有助他們準確掌握評分標準，他們能指出同儕的作文優點和可以改善的地方，培養評改能力。（T2）

　　學生能根據評分準則批改，他們也能寫出評語，同儕作文的優點和可以改善的地方。以下是的一個例子：

圖三：學生給予同儕的意見

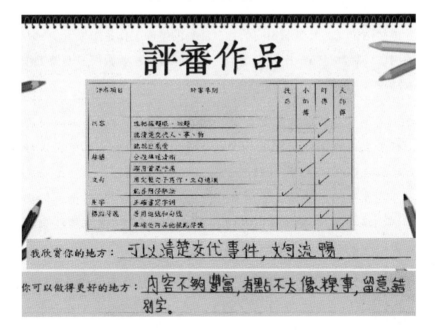

　　兩位教師指出大部分學生能寫出優點和可以做得更好的地方，正好說明這活動能培養學生評改文章的能力。

（四）教師評改的工作量減輕

　　兩位教師都認為為學生互評活動能減輕教師評改的工作量。有教師表示：

> 起初我很擔心學生沒有能力評改，但我發現絕大部分學生都能就標點符號和內容指出同學的不是，有些成績優異的學生甚至在內容和文句方面也能批改，這的確可減輕評改的工作量。（T2）

　　學生修訂後的作品，教師是較容易評改的，間接有助減輕教師評改的工作量，但是教師在學生同儕互評活動前的準備工作卻不輕（詳見下文）。

（五）教師遇到的困難

1．準備工作頗繁重

　　雖然兩位受訪教師認為同儕互評活動的準備工作是頗繁重的。本研究的兩位教師都是第一次試行學生同儕互評活動，要做很多準備工作，有教師說：

> 尋找示例樣本和制訂評分標準是困難的。由於是第一次試行學生同儕互評活動，所以未能收集去年學生樣本，我只好就經驗自己制訂示例。（T1）
>
> 另外，我雖然花了很多時間制訂詳細的評分標準，但他們（學生）似乎未能掌握所有的評分標準。要制訂學生能明白和掌握的評分標準並不容易。（T2）

　　這說明教師面對兩項繁重工作的問題：一是教師未能收集學生樣本，所以本研究的教師是自己設計樣本和示例，是頗花時間和心思。二

是教師制訂評分標準有困難。標準要釐訂得詳細，但釐訂得太複雜，學生便很難掌握要求，有受訪教師曾提出評分準則是否太多項目。教師認為設計評分項目和準則是頗繁重的工作，但假以時日，教師已收集足夠學生不同程度作文的樣本和評分標準，那時便可減輕教師的準備工作。

2. 時間不足

　　教師認為這次試行是頗花時間，雖然預計用三課節的時間，結果用了四堂，教師運用很多時間用來解說示例和評分準則，加上學生與同儕討論時有爭拗，教師要花時間調解他們的紛爭，教師所花的時間比預期的多。教師在學生互評活動後的跟進不足。有教師說：

> 我花了那麼多的時間在互評活動，我很擔心在考試前不能完成教學進度，在互評活動後的總結，我本來想告訴個別學生他們在互評活動中的表現，因為時間的不足，我只好做簡單地在全班學生的表現作總結。(T2)

　　現時的中國語文科課程內容是很緊密的，學生同儕互評活動是頗花時間的，教師擔心教學進度會追不上，因此不敢花太多時間在活動後的跟進上。

三、學生的意見

(一) 大部分學生很喜歡進行同儕互評活動

　　超過八成學生 (86.1%) 喜愛同儕互評的活動。他們喜歡獲得同學的意見 (28%)，修訂自己的作品 (25%)，評估同學的作品 (24%)，教師提供示例 (15%)，老師解說評分表 (12%) 等。與問卷調查數據相若，大部分受訪者 (5 位) 學生都表示喜歡同儕互評的活動。以下是三位受訪學生的意見：

> 這個活動使作文課和謄文課都輕鬆了。從老師和學生討論的示例中，大家可多些認識作文的準則。(S2)

我學習到評審作文時，要以內容、結構、文句、用字及標點符號等範疇去評審文章的優點與缺點，以及運用一些評審準則來寫自己的文章。(S6)

我能應用評分標準，很開心。我像小老師批改文章。在示例中我認識怎樣才是好的作品，有助寫作。(S4)

歸納上述學生的看法，他們喜歡同儕互評活動的原因有二：

一是課堂學習氣氛輕鬆了，學生作文和謄文課一向是沒有很多的學習活動，學習是較呆板的，但同儕互評活動能有師生（教師和學生）的互動和學生之間的互動，令課堂學習的氣氛輕鬆活潑起來，確能達到活化的效果。問卷其中一欄請學生寫上感受，有三分一學生表示同儕互評是很開心的活動，有受訪學生表示同儕互評的課堂好像玩遊戲那麼好玩，確能達到活化課堂的效果。

二是學生根據教師已準備的評分標準和示例，批改同儕的作品，像個小老師，他們很有成功感。這種成功感能增加他們的學習興趣，有了興趣，他們自然不會討厭作文和謄文課，有受訪學生表示希望教師可以多進行這些活動。學生對活動的肯定，正說明了 Pond & ul-Haq（1998）所指同儕互評活動能加強學生的學習（Pond & ul-Haq，1998）。本研究又顯示大部分學生很喜歡這種學習的模式，正與 Fredricks 等人（2004）的研究結果相若。

（二）從互動中學習

學生認為能從這次互評活動中能互相學習。絕大部分（91%）學生認為同儕互評活動能夠從中學習。一方面是他們能在別人的身上學習，大部分學生喜歡替別人的作品評分（90%）和被別人評分（82%），這種互評活動對即時修訂文章和日後的寫作有一定的幫助。聽了同儕給予的意見，有助他們即時修訂文章，有受訪學生說：

在欣賞、評鑑同學文章的同時，取長補短……而且我們（學生）可以學習到如何寫評語、（寫作上）有甚麼評分標準。當閱

讀同學的作文時，可以學到（文中）的佳詞、佳句。我可以多
閱讀一些同學精彩的文章，令自己的寫作能力更上一層樓。(S5)

值得注意是，學生懂得欣賞同儕作品的同時，他們可以認識同儕所
寫的佳詞、佳句和寫作技巧，可能會應用在日後的寫作上。這種參考別
人的優點，改正自己作文缺點的做法，正是給予學生在活動中學習的好
時機。在欣賞和評鑑同學的作品的互動過程中，從同學的作品中能取長
補短，對自己日後的寫作也有幫助。

（三）提升說話表達能力

在問卷中的一欄請學生寫上意見，有 36.7% 學生表示同儕互評活動
能提升說話能力。以下是其中一位受訪學生轉述在評論同儕作文的說話
內容：

> 內容方面是貼題。人、事、物方面，每一件事都能清楚寫
> 出。有關感受表達方面，每一件事都有說出感受，能注意選
> 詞，用「面紅耳赤」和「難為情」這兩個詞很不錯；分段方面，
> 十分清晰，每一段都列明你想表達的意思；文章有首尾呼應，
> 做得不錯；至於文句方面，整篇文章都十分流暢，文句通順；
> 修辭手法則較貧乏，可以說是根本沒有用過，例如你說「睡過
> 頭、匆匆忙忙地跑出門」，可以用「如像一枝箭般的跑出門」，
> 加深別人對你這篇文章的印象。(S1)

這位學生根據評分標準的項目，娓娓道出同儕的表現。這位受訪學
生認為自己的說話很有條理，說話能力也進步了。有受訪教師也認為學
生在互評活動中多了練習說話的機會。問卷中的一欄請學生寫上意見，
亦有六名學生寫上互評活動可以增加同學的說話能力和交談機會。這方
面的發現，是中文科同儕互評活動的論文沒有提及的。

（四）提升與人合作的能力

同儕互評活動可以增加同學的合作性。有三位受訪學生認為同儕

評論他們的作品，有時會遇上彼此爭拗的地方，但也會靜心聆聽和提出疑問，最後請老師作決定。亦有位受訪學生則認為：

> 同儕互評活動可以增加同學之間的感情，從她的作文中多認識她的個性和想法，同時她給我的建議也很好，我們要互相合作。(S6)

學生能在同儕互評活動中，互相交談對方的作文，所謂「文如其人」，對同學增加了解，從而增進彼此感情。

同儕互評活動又能提供學生更多與人相處的機會，增加學生彼此的感情和合作性。本研究的對象雖然是小學生，但在互評活動中，有學生表現得很成熟地說：

> 想想如何給予同學回饋，我(學生)也會顧及別人的感受。(S1)

這種顧及別人的想法是值得稱讚。中國語文科其中一個重要目標是培養學生的情意態度。情意教育的培養，學生不是單靠書本的知識獲得，而是在與人相處中學習，同儕互評活動卻能給予學生這種實踐機會，學習與人合作和相處的態度。

(五) 學生遇到的困難

1. 有學生不習慣

研究發現大多數學生（86.1%）很喜歡同儕互評活動，但卻有少數學生（13.9%）不喜歡這活動。以下是一位受訪學生的解釋：

> 我不習慣別人看我的文章，我的作文只想給老師看，不想給同學看。我作文不好，我不願意要給同學看，感覺不好！(S2)

問卷中有一欄是請學生寫上意見，有四位學生寫上「因為很麻煩」、「不知怎樣評他」和「很不習慣」等意見。這發現配合了 Falchikov (1998) 所說在同儕互評活動中，必定有些學生是不習慣這種學習模式不喜歡被

同儕評估。其實學生的不習慣是可以理解的，原因是一向作文都是由教師評改，同儕互評活動要求學生做「小老師」批改同學的作文，這種改變是需要給予學生時間適應的。寫作能力差的學生，不喜歡給別人看自己的文章，是出於自卑心理，教師宜對這類學生多加鼓勵並與他們說明同儕互評活動的目的。

2. 有學生主觀地評改

在訪問中有兩位學生表示他們對同學的評改是沒有信心的，他們喜歡由教師評改作文，他們覺得教師給予的意見很有建設性，同儕的評改則較遜色。有學生表示：

> 希望同學不要胡亂評改，有些同學評改很馬虎，若是和他交情好的，便給予較寬鬆的要求。(S5)

這正好說明雖然教師已給學生解說了評分準則和示例，但是仍有學生互評時是很馬虎，正如 Neukom（2000）所說學生的評分是主觀的。因此教師可以制訂一些獎賞制度，獎勵一些能善用評分準則學生。至於表現馬虎的學生，教師須特別關注和從旁指導。

柒、總結與建議

教師和學生對這次實行學生同儕互評活動感到滿意。現將研究成果總結如下表：

表三：教師和學生的意見

學生同儕互評活動	教師意見	學生意見
準備階段 制訂寫作評分標準 寫作評分樣本，讓學生試改	• **加強學生作文的積極性** 令學生明白要求。有示例，學生能具體明白作文要求。	• **喜歡同儕互評活動** 認識怎樣才是好的作品，有助寫作。

學生同儕互評活動	教師意見	學生意見
進行階段 同儕互評，彼此給予回饋 學生自行修訂作文	• **有助學生作文** 學生獲得同儕的回饋，修訂自己的作文。 以評促學。 • **培養學生評改文章的能力** 學生為同儕寫出評語，包括文章的優點和改善的地方。	• **從互動中學習** 互評活動對即時修訂文章和日後的寫作有一定的幫助。從同儕作品中取長補短。 • **提升說話能力** 有條理道出同儕的表現，提升說話能力。 • **加強人與人合作的能力** 給予同儕回饋，顧及別人的感受。
跟進的階段 教師評分	• **教師評改的工作量減輕** 學生修訂作品後，教師評改的工作量減輕。	
遇到的困難	• **準備工作頗多** 例如：制訂示例樣本和評分標準是困難的。 • **時間的不足**	• **有學生不習慣** 學生的作文只想給老師看，不想給同儕看。 • **有學生主觀地評改**

　　大部分教師都認同同儕寫作互評活動有助改善他們的寫作能力。這種「以評促學」的寫作互評活動是值得推薦的。同儕互評活動能給予學生認識怎樣寫好文章和修改文章。進行程序有二：一是在學生作文前，給予他們示例，從中學習評分準則，幫助他們明白作文的要求，幫助他們寫作；二是在學生呈交作文前，有機會得到同儕的意見，他們要修改自己的文章，才呈交給教師評分。同儕互評活動給予學生學習改進機制，有助他們優化自己的寫作。

　　大部分學生很喜歡這次同儕寫作互評活動。他們認為這活動能提升說話的表達能力和與人合作的能力。但是，教師遇到的困難是面對繁重的準備工作和時間不足，有些學生並不習慣互評活動。以下是一些建議：

一、 教師必須重視互評後的跟進，多獎賞和鼓勵學生

有教師指出由於時間限制，學生在互評活動之後，他們引導學生進行互評的回饋以及做互評後的跟進和總結都是時間不足。其實這是很重要，因為跟進和總結工作應針對不同程度的學生，給予他們獨特的回饋等。

教師給予學生的回饋可分為兩個層次：一是指出學生在作文方面的表現，即是學生獲得同儕的意見而修訂作文的表現；二是指出學生在互評活動中的表現。一般教師只會注重學生的寫作表現，其實很多寫作程度普通或較差的學生在互評活動中表現很積極，這是值得表揚的。

正如 Gielen 等人（2012）所説，有效的互評活動是教師能獎賞學生在互評活動的表現。有了表揚，他們會更樂意學習評改同儕的作文，一些不習慣給同儕閱讀自己文章的學生也會有所改變。一些在評改過程中表現馬虎的學生，有了足夠的提點，他們也會有所改善。

本研究証明教師能出示具體的評分準則和學生樣本，與他們一起討論和試改，給予學生心理上的準備和支援，能有效實行同儕互評活動，改善學生評改文章的能力。但是對於一些不習慣同儕互評活動的學生來説，這些心理支援仍不足夠，所以研究建議教師可多給予學生獨特的亮點和回饋，有了教師的鼓勵和支持，他們對互評的信心也增加了。

二、 減輕教師的工作

研究發現教師在互評活動中的準備工作頗為繁重，香港教育局和各大學可對教師提供支援，支援可包括網上資源的分享和提供校本培訓。教育局可邀請參與互評活動學校的教師提供他們已準備的資料，例如把評分準則和學生寫作樣本示例在網上與教師分享。有了這些資源，教師可根據自己學校學生能力作出修訂，準備工作便可減輕。同時香港教育局可提供校本培訓，給教師多認識學生互評活動，幫助他們進行準備工作。

另外，研究指出有教師曾反思設計的評分準則太多，令學生難以消化。Brown & Dove（1991）的論文亦曾批評教師對學生同儕互評活動的要求實在太高。教師可考慮將互評工作循序漸進地進行。先讓學生進行重點式的評改。如果重點與讀文教學重點相同則更佳，學生較容易理解。當學生熟習後才加上另一項評分準則，這不但可減輕教師準備的工作量，而且可幫助學生理解評分準則。

三、研究的限制和展望

這次試行證明學生同儕互評活動適合在中文寫作課進行，有助培養學生評改文章的能力；更重要的是，幫助他們檢視、修訂和優化自己的寫作。學生同儕互評活動設計是一種有效的學習活動，能活化和優化學生的寫作過程。筆者期望藉着此研究能啟發教師對活化學生同儕互評活動的認識。

但本研究也有其局限性，研究對象只針對六年級的學生，其實同儕互評活動擴展到小學低年級和中學生，研究員希望在來年的行動研究，在這方面進行詳細的探討。同時，本研究是針對學生在寫作課的互評活動，研究員也希望在中文科的說話範疇也可嘗試加入學生同儕互評活動，探討活動能否加強學生的說話能力。

參考文獻

王琇（2004）。**以同儕互評與討論提升小六學童之寫作表現—以行動學習輔具教室為例**（碩士論文）。國立中央大學學習與教學研究所，臺北市。

周玉紅（2008）。如何指導學生互評作文。**新課程（教育學術版）**，12，91。

段志群（2008）。談教師指導學生互評互改作文。**吉林教育**，23，50。

馬緒紅（2011）。也說作文與講評。**小學教學**，10，17。

張麗華（2008）。互批互改作文法的新嘗試。**黑河教育**，3，23。

彭莉芳（2011）。如何通過學生互評手段促進高中語文寫作教學。**中國科教創新導刊**，32，124。

閔愛梅（2008）。構建平台快樂起航：在互評互改中提高學生的作文能力。**考試周刊**，40，60。

陳映云和嚴彩君（2010）。自我評估，同輩評估與提高護理學基礎積極性的關係。**衛生職業教育**，28(14)，105-106。

董衛娜（2011）。小學語文習作教學心得體會。**教育教學論壇**，31，70。

廖佩莉（2012）。香港小學中文科教師對學生同儕互評目的的認識與意見調查。**教育曙光**，60(1)，61-69。

樓荷英（2005）。自我評估同輩評估與培養自主學習能力之間的關係〉。**外語教學**，26(4)，60-63。

歐陽書琴（2011）。互批互評：提升習作興趣的橋樑。**生活教育**，18，77。

Berg, I., Admiral, W. & Pilot, A. (2006). Peer assessment in university teaching: Evaluating seven course designs, *Assessment & Evaluation in Higher Education,* 31, and19-23.

Boud, D. (1988). *Developing student autonomy in learning,* Kogan Page: London & New York.

Brew, C., Riley, P. and Walta, C. (2009). Education students and their teachers: comparing views on participative assessment practice, *Assessment & Evaluation in Higher Education,* 36 (6), 641-657

Brown, S. & Dove, P. (eds.) (1991). *Self and Peer Assessment, Birmingham,* SCED Paper63.

Brown, S., Sambell, K. &McDowell, L. (1998). What do students think about peer assessment? In Brown, S. (1998). *Peer Assessment in practice,* Birmingham, Staff and Educational Development Association, 107-112.

Bryant, D. A. & Carless, D. R. (2010) Peer assessment in a test-dominated setting: empowering, boring or facilitating examination preparation? (Available on6-6-2012)

Careless, D. (2005). Prospects for implementation of assessment for learning. *Assessment in Education,* 12 (1), 39-54.

Deakin-Crick, R., Saba, J., Harlan, W., Yu, G., & Lawson, H. (2005). *Systematic review of research evidence of the impact on students of self-peer assessment.* London: EPPI Centre social Science Research Unit Institute of Education University of London.

Falchikov, N. (1991). Group Process Analysis. In Brown, S. & Dove, P. (eds.) *Self and*

Peer Assessment, Birmingham: SCED Paper63.

Falchikov, N. (1998). Involving students in feedback and assessment: A report from the Assessment Strategies in Scottish Higher Education (ASSHE) project. In Brown, S. (1998). *Peer Assessment in practice,* Birmingham, Staff and Educational Development Association,. 9-23.

Gielen, S., Dochy, F., &Onghena, P. (2011). An inventory of peer assessment diversity, *Assessment & Evaluation in Higher Education,* 36 (2), 137-155.

Hole, H. (1981). *Autonomy and Foreign Language Learning,* Oxford: Pergamon.

Fredricks, J. A., Blumenfeld, P. C., & Paris, A. H. (2004). School engagement: Potential of the concept, state of evidence. *Review of Educational Research,* 74 (1), 59-109.

Habeshaw, S., Gibbs, G. &Habeshaw, T. (1993). 53 *Interesting Ways to Assess your Students,* Melksharn: The Cromwell Press.

Pond, K. & ul-Haq, R. (1998). Assessing using peer review. In Brown, S. (1998). *Peer Assessment in practice,* Birmingham, Staff and Educational Development Association,. 23-44.

Lauf, L. & Dole, S. (2010). *Assessment for Learning Tasks and the Peer Assessment* Process. Mathematics Education research Group of Australasia. Paper presented at the Annual Meeting of the Mathematics Education Research Group of Australasia (33 rd Freemantle, Western Australia, July3-7, 2010)

Li, L., Liu, X., and Steckelberg, A. L. (2010). Assessor or assesses: How student learning improves by giving and receiving peer feedback, *British Journal of Educational Technology,* 40 (3), 525-536.

Mok, J. (2011). A case study of students'perceptions of peer assessment in Hong Kong, *ELT Journal,* 65 (3), 230-239.

Neukom, J. R. (2000). *Alternative assessment, rubric-Students's self-assessment process. Unpublished master's thesis. Pacific* Lutheran University. Tacoma, WA.

Sluijsmans, D., and Prins, F. (2006). A conceptual framework for integrating peer assessment in teacher education. *Studies in Educational Evaluation,* 29, 23-42

Topping, K. J. (1998). Peer Assessments between Colleges and Universities, *Review of Educational Research,* 68, 249-276.

Topping, K. J. (2009). Peer Assessment, *Theory and Practice,* 48 (1), 20-27.

Van den Berg, I., Admiral, W. & Pilot, A. (2006). Peer assessment in university teaching: Evaluating seven course designs, *Assessment & Evaluation in Higher Education,* 31, and19-23.

Van Zundert, M., Sluijsmans, D., Van Merrienboer, J. (2010). Effective peer assessment processes: Research findings and future direction, *Learning and Instruction,* 20,. 270-279.

Vickeman, P. (2009). Student perspectives on formative peer assessment: an attempt to deepen learning? *Assessment and Evaluation in Higher Education,* 34 (2), 221

附件

學校甲中國語文科寫作同儕互評表

班別：＿＿＿＿＿＿＿＿　姓名：＿＿＿＿＿＿＿＿

日期：＿＿＿＿＿＿＿＿＿＿＿＿＿＿＿

作文題目：＿＿＿＿＿＿＿＿＿＿＿＿＿

給予評語的同學：＿＿＿＿＿＿＿＿＿＿＿

　　完成創作後，與你鄰座的同學互相交換看文章，找出他們值得欣賞和需要改善的地方。請用心評核，在適當的 □ 內打 ✓ 。

評審項目	評審準則	徒弟	小師傅	師傅	大師傅
內容	能把握題眼、切題				
	能清楚交代人、事、物				
	能說出感受				
結構	分段準確清晰				
	運用首尾呼應				
文句	用完整句子寫作，文句通順				
	能善用修辭法				
用字	正確書寫字詞				
標點符號	善用逗號和句號				
	準確使用其他標點符號				

我欣賞你的地方：

＿＿＿＿＿＿＿＿＿＿＿＿＿＿＿＿＿＿＿＿＿＿＿＿＿＿＿＿＿＿＿

你可以做得更好的地方：

＿＿＿＿＿＿＿＿＿＿＿＿＿＿＿＿＿＿＿＿＿＿＿＿＿＿＿＿＿＿＿

評審準則：

項目	評審準則	徒弟	小師傅	師傅	大師傅
內容	能把握題眼、切題	離題，內容不完整。	切題，內容完整和一般。	切題，內容充實。	切題，內容豐富和特別。
	能清楚交代時、地、人、事物	很混亂交代其中兩項。	完整交代時、地、人、事物。	完整交代時、地、人、事物。能詳寫和略寫。	完整交代時、地、人、事物。詳寫和略寫均寫得出色。
	說出有所感	沒有交代作者所感。	只是略交代作者有所感。	能配合所遇到的事說出所感。	能說出有所感，並寫均寫得出色。
結構	分段準確清晰	沒有段落。	自然段空兩格，有畫分段落。	按內容重點來分段。	按內容重點來分段，條理分明。
	運用首尾呼應	沒有首尾呼應。	有首尾呼應，但寫得一般。	有首尾互相呼應，而且寫得非常出色。	
文句	用完整句子寫作，文句通順	大部份句子不完整，文句欠通順。	大部份句子完整，文句也算通順。	用完整句子寫作，文句通順。	
	能善用修辭法	沒有善用修辭法。	有用修辭法。	有用修辭法，並運用得當。	有用修辭法，並運用得當，寫得出色。
用字	正確書寫字詞	很多錯別字。	偶有（二至三個）錯別字。	只有一個錯別字。	完全沒有錯別字。
標點符號	善用逗號和句號	沒有善用標點符號，一逗到底。	善用逗號和句號。	善用逗號和句號，並能使用其他標點符號。	善用逗號和句號，準確使用其他標點符號。

（轉載自廖佩莉(2015)：透過同儕互評活化中文科寫作課：香港的經驗，黃政傑、張新仁(主編) 歐用生、王全國、黃永和、廖佩莉等 (合著)，中小學教學改革，(101-129)，台北，五南出版社。）